La Sexualité
des paresseuses

Anita Naik

La Sexualité
des paresseuses

•MARABOUT•

Titre original : *The Lazy Girls' Guide to good sex* by Anita Naik.
Publié pour la première fois en Angleterre par Piatkus Books,
5 Windwill Street, London Wit 2JA, England
Copyright © Anita Naik, 2002

Traduit de l'anglais par Marie Belouze-Storm,
avec la collaboration de Valérie Mettais.

© Marabout, 2004 pour l'édition française.

Remerciements

Merci à toutes les paresseuses qui ont bien voulu me donner leurs secrets, trucs et astuces sur le sexe, mais qui m'ont payée très cher pour garder l'anonymat !

Sommaire

Avant-propos

Pourquoi ce guide va vous aider

La sexualité est l'affaire de tous : nous faisons tous l'amour, non ? Mais, si l'on en croit les statistiques, rares sont celles et ceux qui prennent du plaisir toutes les nuits, et nombreux sont ceux qui ne se donnent même pas la peine d'essayer... Il ne faut donc pas s'étonner d'entendre toujours les mêmes complaintes à propos de partenaires inexpérimentés, de rapports sexuels peu épanouissants et peu excitants, ou encore de frigidité.

À dire vrai, avoir une sexualité de paresseuse, ce n'est pas uniquement être trop paresseuse pour faire l'amour, c'est également être trop paresseuse pour s'inventer une vie sexuelle créative, pleine d'imagination, vive et drôle. C'est aussi se contenter d'amants maladroits, peu attentifs et peu sensibles, simplement parce qu'on est trop timide pour dire, pour faire quelque chose qui arrangerait la situation. Et c'est surtout être victime des idées fausses, des préjugés et des lieux communs sur la sexualité que l'on traîne depuis l'âge de 13 ans – par exemple : les femmes ont moins de pulsions sexuelles que les hommes ; faire l'amour n'est excitant qu'au début d'une relation, puis tout se gâte ; les hommes sont toujours prêts, n'importe quand et avec n'importe qui. Si vos relations sexuelles ressemblent un tant soit peu à cette description ou si vous pensez que faire l'amour ne vaut même pas la peine de se déshabiller, alors, oui, vous avez une sexualité de paresseuse.

Si ça peut vous rassurer, vous n'êtes pas la seule dans ce cas, croyez-en ma grande expérience : chaque année, je reçois plus de deux mille lettres d'hommes et de femmes qui ont des problèmes sexuels. Reconnaissons-le, nous avons tous et toutes – même si nous avons bien du mal à l'avouer – notre lot d'inhibitions, de désastres et autres ratages dus à des partenaires malhabiles comme à un manque de connaissance et d'expérience. J'ai souvent rencontré des femmes dont les amants se sont endormis, sur elles, en faisant l'amour, d'autres femmes dont les partenaires étaient de bons acrobates mais se révélaient incapables d'utiliser correctement un préservatif, et des hommes qui ne pouvaient dire si leur petite amie avait jamais joui...

Tout cela vous est familier ? Alors le présent ouvrage vous sera très utile. Que vous soyez très paresseuse au lit, que vous soyez perdue quand il s'agit de modifier et d'améliorer vos habitudes sexuelles, que vous soyez simplement curieuse de conseils, vous allez y trouver toutes les réponses que vous cherchiez. Car, contrairement à d'autres, ce livre n'a pas été puiser ses trucs et astuces dans des confessions embarrassantes et autres secrets d'alcôve, dans les courriers des lectrices ou dans les situations « gore » des films pornographiques. Je ne vous conseillerai pas d'examiner votre sexe dans le miroir, de vous laisser aller à votre tendance sadomasochiste ou encore de coucher avec le premier mâle venu... Et je ne vous inciterai pas davantage à exiger encore plus de votre partenaire – même si cela vous aiderait beaucoup.

Ce livre veut vous aider à bien faire l'amour, quand bon vous semble, c'est-à-dire avoir et vivre une sexualité qui vous rende attirante, épanouie et heureuse, en harmonie avec votre corps. Pour cela, nous reviendrons tout d'abord à vos premières expériences d'adolescente pour arriver au point où vous en êtes aujourd'hui, et tenter d'aller ensuite au-delà.

Si vous vous demandez encore quelle peut donc être l'utilité d'un livre sur la sexualité – car faire l'amour, ça va de soi, non ? –, méditez ceci : faire l'amour, et bien faire l'amour, ne se réduit pas à des gestes, à une position ou à quelques paroles de circonstance. C'est acquérir des connaissances en ce domaine afin de tirer le meilleur parti de sa sexualité. C'est parfaire sa technique non seulement pour ressentir davantage de plaisir mais aussi pour en donner davantage à son partenaire. Enfin, et même en supposant que vous soyez vraiment trop paresseuse pour faire l'amour pendant plus de cinq minutes, ce seront au moins cinq minutes dont vous pourrez être fière.

chapitre 1

Comment acquérir sans peine
les notions de base

Êtes-vous douée au lit ?

Avez-vous en mémoire d'innombrables positions, toutes plus extraordinaires les unes que les autres ? Pouvez-vous jouir immédiatement, presque à la demande, satisfaire votre partenaire, y trouver votre compte et trouver de l'énergie pour recommencer dix fois chaque nuit ? Si tel est le cas, bravo. Mais si vous êtes de celles qui font le plus souvent semblant et qui ne ressentent pas grand-chose, alors il est temps de laisser tomber vos inhibitions et de tirer de ce livre quelques astuces qui pimenteront votre sexualité.

J'ai une bonne nouvelle pour vous : tout le monde peut apprendre à avoir plus de plaisir, même la plus paresseuse des paresseuses, il suffit de bien s'informer. Je vais donc vous rappeler quelques notions de base en biologie, c'est-à-dire vous faire repartir depuis le début pour étendre ensuite vos connaissances. Votre assiduité sera récompensée : non seulement vous deviendrez une véritable virtuose dans le domaine de l'amour mais vous aurez également plus d'orgasmes, vos partenaires seront comblés et en redemanderont, et vous développerez une imagination ardente et débordante. Beau programme, non ?

Commencez par réviser vos leçons...

D'après les nombreuses enquêtes menées sur la sexualité, nombreux sont ceux – et celles – qui ne connaissent presque rien de leur anatomie. Selon une étude conduite dans l'une des plus grandes universités américaines, quatre hommes sur dix ne savent pas où se trouve le clitoris et six hommes sur dix n'ont jamais entendu parler du point G. Les femmes ne s'en tirent pas mieux : tandis que trois femmes sur dix n'ont aucune idée de ce qu'est le point G masculin, six femmes sur dix confondent scrotum et testicules.

Vous pouvez rire, mais, excepté les rares leçons de biologie reçues au lycée, nos connaissances sur la sexualité proviennent avant tout de notre expérience personnelle. C'est très bien si vous avez eu la chance de rencontrer un professeur hors pair, mais ça l'est beaucoup moins si vous avez enchaîné les amants plutôt maladroits, peu motivés et très égocentriques.

Pour toutes celles qui ont besoin de se rafraîchir la mémoire, voici le résumé de tout ce qu'il faut savoir sur les organes sexuels :

Découvrez la carte de l'anatomie féminine

Les seins

Petits, gros, de travers, alertes, en pointe, ronds, plats ou tombants : les seins sont ces fameux objets sphériques que vous abritez dans votre soutien-gorge. Sur le plan anatomique, les seins sont du tissu graisseux, et la seule partie musculaire est le mamelon. Sur le plan sexuel, vous n'avez pas besoin de moi pour savoir que le sein et le mamelon – c'est-à-dire le bout du sein –, et l'aréole – c'est-à-dire le cercle pigmenté entourant le mamelon – sont hautement excitables au toucher. C'est pourquoi toute cette partie de votre corps gonfle quand vous êtes en proie au désir.

Le mamelon est la partie la plus sensible du sein, car elle est constituée de tissus érectiles très innervés – ce qui explique leur réactivité au toucher et au froid.

Faites-le : palpez vos seins pour découvrir comment vous aimez qu'ils soient caressés et touchés.

Ne le faites pas : n'autorisez pas votre partenaire à se focaliser uniquement sur vos mamelons. S'ils aiment à être caressés et titillés, ce n'est pas une raison pour négliger le reste de la poitrine.

La vulve

Voilà un mot que vous n'utilisez sans doute jamais – et, d'ailleurs, pourquoi donc auriez-vous besoin de l'employer ? La *vulve* est l'un de ces termes « anatomiquement corrects » dont seuls les médecins font usage pour décrire les organes génitaux externes. C'est la partie des organes génitaux que vous pouvez observer dans un miroir – si cela vous tente –, à savoir le pubis, les grandes et les petites lèvres et le clitoris.

Le pubis est la région triangulaire située dans le bas-ventre, dont la partie saillante est le mont de Vénus ; cette partie charnue recouvre l'os pubien, là où poussent les poils pubiens.

Faites-le : utilisez votre pubis quand vous faites l'amour (voir le chapitre 3).

Ne le faites pas : ne vous rasez pas les poils pubiens, sauf si vous aimez avoir une barbe de plusieurs jours qui vous démange à cet endroit-là !

Les grandes lèvres sont les lèvres vaginales – les deux replis de peau qui recouvrent le vagin.

Les petites lèvres sont les petits replis de peau situés à l'intérieur des grandes lèvres. Chez certaines femmes, les petites lèvres pendent ou dépassent des grandes lèvres ; chez d'autres, elles restent cachées dans les plis externes.

Faites-le : regardez à quoi ressemble cette partie de votre anatomie – si vous pouvez le supporter...

Ne le faites pas : ne soyez pas prise de panique si vos grandes et vos petites lèvres ne ressemblent pas au schéma reproduit dans un manuel scolaire. La forme, la taille et la coloration de cette zone varient beaucoup d'une femme à une autre. De plus, si vous remarquez une substance blanchâtre, ne vous alarmez pas : il s'agit d'une sécrétion naturelle des glandes sébacées – similaire au smegma qui se trouve sous le prépuce de l'homme (voir plus loin) –, qui part en se lavant.

Le clitoris

En réalité, le clitoris fait partie d'un organe beaucoup plus important, de 12 cm de longueur environ, qui s'étend à l'intérieur du corps et qui est connecté aux tissus érectiles situés autour du vagin. Placé à la jonction de l'extrémité supérieure des petites lèvres, à l'ouverture du vagin, ce petit organe est l'équivalent féminin du pénis ; cela signifie qu'il est formé de son propre canal, minuscule, d'un gland et d'une extrémité similaire au prépuce, appelée « capuchon ». Le clitoris sert uniquement à donner du plaisir.

Le clitoris est constitué de tissus semblables à ceux du pénis ; c'est pourquoi il se durcit quand il est excité, c'est aussi la raison pour laquelle le caresser procure du plaisir. Au repos, le clitoris a la taille d'un pignon de pin ; en érection, il prend celle d'une grosse cacahouète.

Faites-le : explorez cette région pour découvrir comment vous aimez être caressée.

Ne le faites pas : ne vous alarmez pas quant à la taille de votre clitoris. Cela n'a aucune importance : gros ou petit, il vous fera jouir, de toute façon.

Le vagin

À proprement parler, le vagin représente la partie interne de votre sexe ; s'étendant de l'utérus à la vulve, ce conduit musculaire mesure de 7 à 10 cm. Ses usages sont multiples : il est l'organe de la copulation, donc sert à être pénétré par le pénis ; c'est par ce conduit que naissent les bébés ; il représente la porte de sortie du sang menstruel. Au repos, ses parois spongieuses, douces et musculeuses sont serrées l'une contre l'autre ; le cas échéant, elles s'écartent pour ensuite se refermer. Selon la période du cycle menstruel, de légères pertes s'écoulent du vagin : c'est normal.

La sensibilité du vagin est très variable selon les zones. Ce sont ses parois externes qui procurent les sensations les plus intenses ; c'est pourquoi l'intromission du pénis donne du plaisir. Quant à la région médiane et aux zones proches du col de l'utérus, elles sont moins irriguées, les sensations ressenties sont donc moindres.

Faites-le : explorez cette région.

Ne le faites pas : n'y introduisez pas n'importe quoi. Ne placez pas dans votre vagin ce que vous ne mettriez pas dans votre bouche : voilà la règle de base.

Le col de l'utérus

Situé tout en haut de la partie interne du vagin, le col de l'utérus – ou de la matrice – est un organe court, étroit, de 2,5 cm de longueur, constitué d'un tissu musculaire très résistant. Au centre se trouve une petite ouverture qui permet le passage du sperme et l'écoulement du sang menstruel ; cette ouverture reste close pendant la grossesse et se dilate entièrement lors de l'accouchement.

Le col de l'utérus est une zone fragile. En effet, lors des rapports sexuels, il est le point de rencontre entre deux types de muqueuses : les vôtres et celles de votre partenaire ; c'est pourquoi les cellules du col de l'utérus peuvent muter et devenir cancéreuses. Voilà une raison supplémentaire de faire pratiquer régulièrement des frottis (voir le chapitre 7).

Faites-le : attendez-vous à ce que le col de l'utérus soit douloureux quand vous faites l'amour dans certaines positions qui favorisent une pénétration profonde.

Ne le faites pas : n'arrêtez pas de faire l'amour si le col est douloureux. Changez tout simplement de position.

L'utérus

L'utérus, ou matrice, est situé entre la vessie et le rectum ; il est l'organe qui abrite l'œuf fécondé jusqu'à son plein développement, pendant la grossesse. L'utérus mesure 7,5 cm de longueur sur 7,5 cm de largeur environ ; sa force musculaire est impressionnante : pour preuve, les douleurs de règles et les contractions avant et pendant l'accouchement. Lors du cycle menstruel, l'endomètre – c'est-à-dire les parois de l'utérus – se développe puis, en l'absence de grossesse, est évacué au cours des règles.

Faites-le : attendez-vous à des douleurs menstruelles dues à la puissance des muscles utérins.

Ne le faites pas : n'attendez pas que les douleurs menstruelles deviennent intolérables pour consulter votre gynécologue.

L'hymen

L'hymen est une fine membrane qui obstrue en partie l'entrée du vagin. Ce ridicule morceau de peau fait beaucoup parler de lui dans les pays où il est censé représenter la virginité d'une femme. En réalité, cette membrane est parfois déchirée avant le premier rapport sexuel, par la pratique d'un sport violent.

Faites-le : attendez-vous à avoir un peu mal lors du premier rapport sexuel.

Ne le faites pas : ne vous attendez pas à constater sa rupture si vous faites du sport.

Les cinq zones les plus érogènes d'une femme

Si votre partenaire caresse, embrasse et lèche convenablement certaines parties de votre corps, sans doute n'aurez-vous plus besoin de lire le reste de ce livre.

1. Les seins

Comment votre partenaire s'occupe-t-il de vos seins ? Si ses bons soins se limitent à quelques tâtonnements maladroits et à des secousses plutôt saccadées, il est grand temps d'intervenir. Persuadez-le de se concentrer sur la zone placée autour de votre poitrine, car la peau située au-dessous et sur le côté de vos seins représente une zone très érogène. Que votre partenaire commence par là, puis qu'il élargisse doucement son champ d'action.

2. Les mamelons

Quand votre amant en arrive aux bouts des seins, mieux vaut ne pas le laisser jouer avec : il faut qu'il les suce, qu'il les embrasse, qu'il les caresse doucement, en s'occupant également de l'aréole.

3. Le point G

Le mystérieux point G serait beaucoup moins mystérieux pour votre partenaire si vous lui indiquiez ce qu'il est censé chercher. Pour le localiser, il doit insérer son doigt dans votre vagin, à 5 cm vers l'avant ; il doit alors sentir la paroi antérieure du vagin et y repérer une petite bosse granuleuse. S'il caresse cette protubérance pendant les préliminaires, peut-être aurez-vous la chance d'atteindre ce qu'on appelle « un orgasme du point G » – un orgasme d'une grande intensité ?

4. Le clitoris

Voici la partie du corps qui est la plus riche en terminaisons nerveuses. Si votre amant s'en occupe correctement, ce sera le paradis pour vous... Quelques conseils à lui prodiguer : qu'il ne touche pas cette zone avant qu'elle soit bien lubrifiée, qu'il la caresse convenablement en la pressant ni trop fort ni trop faiblement.

5. Le périnée

Le périnée est une zone érogène et orgasmique qui se trouve entre le vagin et l'anus. C'est une petite région musculaire, de 2 cm de long environ, légèrement striée, étroite, qui fait littéralement fondre de plaisir quand elle est frottée, léchée ou caressée. Si votre partenaire n'arrive pas à trouver votre périnée, suggérez-lui d'aller y voir de plus près.

C'EST LE MOMENT D'ARRÊTER DE FUMER

Selon une décision prise par la Communauté européenne tendant à renforcer la lutte antitabac, les paquets de cigarettes comportent désormais une information relative à la diminution des performances sexuelles chez les fumeurs ; elle est due à la réduction du flux sanguin dans les organes génitaux. Trop fumer peut rendre impuissant.

. . . .

Déchiffrez la carte de l'anatomie masculine

Le pénis

Bien entendu, vous savez très certainement à quoi ressemble un pénis, et sans doute savez-vous aussi que c'est la partie érogène par excellence de l'anatomie masculine. Fait de tissus spongieux érectiles, de nerfs et de vaisseaux sanguins, le pénis est plus qu'un simple organe dépassant en partie hors du corps. Car c'est à l'intérieur que c'est le plus intéressant.

Ce que vous devez savoir :

o l'extrémité du pénis, ou gland, est hautement excitable. Au centre du gland se trouve l'ouverture externe de l'urètre, qui permet le passage du sperme et de l'urine ;

o au repos, un pénis mesure en moyenne 9 cm de longueur ;

o petit ou grand, un pénis a une érection et un orgasme. La taille n'a rien à voir dans l'affaire.

Bon à savoir : même si les pénis paraissent très différents au repos, ils ont tous, en érection, une longueur moyenne comprise entre 13 et 18 cm.

L'urètre

Ce canal excréteur de l'urine va de la vessie jusqu'à l'extrémité du pénis.

Ce que vous devez savoir :

o l'urètre transporte à la fois le sperme et l'urine ;

o il ne laisse pas passer en même temps le sperme et l'urine.

Bon à savoir : pendant l'acte sexuel, un muscle de la vessie ferme l'ouverture de l'urètre, évitant à l'urine de couler lors de l'éjaculation.

Le prépuce

Le prépuce est le repli de peau qui entoure et protège le gland du pénis.

Ce que vous devez savoir :

o certains hommes ont eu, pendant leur enfance, le prépuce retiré pour des motifs religieux ou des raisons de santé – le phimosis est une étroitesse anormale du prépuce, qui empêche de découvrir le gland. C'est ce qu'on appelle « une circoncision » ; dès lors, le gland se trouve toujours à découvert ;

o la circoncision n'entrave ni le plaisir de l'homme ni le vôtre ;

o par mesure de prévention contre les infections (non sexuelles), les hommes non circoncis doivent faire plus attention à leur hygiène intime.

Bon à savoir : l'idée que la circoncision est plus hygiénique pour les femmes pendant les rapports sexuels est entièrement fausse. Menée par l'université de Chicago, une étude portant sur la circoncision montre que, dans le domaine de l'hygiène, il n'existe pas de différence fondamentale entre les hommes circoncis et les autres. L'idée selon laquelle la circoncision prévient le cancer du col de l'utérus a également été réfutée par l'American Cancer Society.

Les testicules

Ce sont deux petites glandes qui, situées sous le pénis, produisent les spermatozoïdes.

Ce que vous devez savoir :

o les testicules produisent des millions de spermatozoïdes par jour ;

o en général, le testicule gauche pend un peu plus bas que le testicule droit – ce qui les empêche de se heurter constamment ;

o chaque testicule est suspendu dans le scrotum au moyen d'un cordon, appelé « cordon spermatique ». Parfois, les testicules s'enroulent et s'entortillent : cette torsion des testicules provoque des douleurs intenses et des nausées ; c'est une urgence médicale ;

o les testicules produisent et sécrètent également l'hormone mâle, ou testostérone ;

o ne vous amusez jamais à donner un coup de pied dans les testicules de quelqu'un : reçu de plein fouet, un coup peut en déchirer les parois.

Bon à savoir : le cancer des testicules est le cancer le plus courant chez les hommes âgés de 20 à 40 ans. 80 % des tumeurs se manifestent tout d'abord par un gonflement des testicules ; si le dépistage est précoce, 95 % des cas sont curables.

> « La première fois que j'ai vu le pénis d'un garçon, j'avais 16 ans.
> J'ai trouvé ça très laid. Je me suis réjouie d'être une fille et de ne pas
> avoir à trimbaler ça toute la journée. »
> Suzanne, 22 ans.

Le scrotum

C'est la bourse de peau qui enveloppe les testicules.

Ce que vous devez savoir :

○ le scrotum est une enveloppe qui tient les testicules à distance du corps ; cette disposition permet au sperme d'être sécrété dans les meilleures conditions, c'est-à-dire à une température légèrement inférieure à celle du corps (35 °C au lieu de 37 °C).

Bon à savoir : si le scrotum ressemble à un sac unique, il est en fait séparé en deux parties qui, chacune, abritent un testicule.

La prostate

Située à l'arrière de la vessie, la prostate produit 30 % du liquide qui entre dans la composition du sperme.

Ce que vous devez savoir :

○ la prostate est également appelée « le point G masculin » ;

○ elle a environ la taille d'une noix.

Les spermatozoïdes

Ces petits trucs frétillants en forme de têtards, appelés « sperme ou spermatozoïdes », sont les ovules masculins, les cellules reproductrices mâles. La fonction biologique du sperme est de transmettre les informations génétiques.

Ce que vous devez savoir :

○ un homme produit en moyenne 1 000 spermatozoïdes par seconde ;

o à l'intérieur des testicules, la fabrication du sperme prend dix semaines environ ;

o jusqu'à 30 millions de spermatozoïdes sont produits chaque mois ; à titre indicatif, une petite cuiller de sperme contient de 50 à 100 millions de spermatozoïdes – même si 40 % ne servent à rien.

Bon à savoir : contrairement aux femmes qui naissent avec un nombre déterminé d'ovules, les hommes ne naissent pas avec des spermatozoïdes. La production de spermatozoïdes ne commence qu'à la puberté.

Le sperme

On appelle « sperme » le mélange de liquide prostatique, de liquide séminal et de spermatozoïdes, qui est expulsé par le pénis durant l'éjaculation.

Ce que vous devez savoir :

o le sperme est composé de 10 % de spermatozoïdes et 90 % de liquide (60 % produit par les vésicules séminales et 30 % par la prostate) ;

o le volume moyen d'une éjaculation est de l'ordre d'une petite cuiller.

Bon à savoir : contrairement à la croyance populaire, le sperme n'est pas bourré de calories. Il contient des protéines et des vitamines, et 10 à 30 calories environ par éjaculation.

Les cinq zones les plus érogènes d'un homme

1. Le pénis

Les hommes sont très susceptibles quant à leur pénis. Il est vrai que c'est un endroit particulièrement vulnérable et, comme tout un chacun le sait, les hommes sont douillets. Soyez donc extrêmement prudente, ne sautez pas dessus à pleines dents et n'exercez pas trop de pression avec la langue. Pour faire du bon travail – oral –, il ne faut ni montrer les dents, ni sucer trop fort, ni mordre, ni s'en saisir trop brutalement (voir le chapitre 3 pour plus de détails).

2. Les mamelons

Même si les mamelons sont très excitables, tous les hommes n'aiment pas qu'on les touche. Si vous vous en approchez, faites-le en douceur et servez-vous de votre langue. Observez sa réaction : s'il fait la grimace, passez votre chemin.

3. Le frein

C'est un repli fibreux situé sous le pénis. Il est essentiel de s'en occuper pendant l'acte sexuel, car c'est une zone très érogène.

4. Le point G

Le point G est également appelé « prostate ». Pour l'atteindre, il faut insérer un doigt dans l'anus de votre partenaire. Tous les hommes n'aiment pas ça : demandez donc avant de passer à l'acte.

5. Le périnée

Érotique et érogène, richement innervée, cette petite zone musculaire se trouve entre le pénis et l'anus. En général, les hommes aiment qu'on masse et qu'on caresse cette partie très intime de leur anatomie.

Qu'est-ce qui vous pousse à faire l'amour ?

La sexualité est une chose bizarre quand on y songe, non ? Voici deux corps nus qui s'agitent en transpirant pour atteindre le septième ciel. Si nous n'en passions pas tous par là, nous trouverions cela complètement abject et vulgaire. Mais ce qui nous empêche, en ce domaine, de jouer les pimbêches, ce sont certains facteurs déterminants qui nous poussent à faire l'amour, les principaux étant les hormones sexuelles.

Les hormones sexuelles sont de sournois messagers chimiques qui, tels des feux d'artifice, explosent dans notre cerveau, régissant tout, depuis notre sexualité jusqu'à nos émotions et notre humeur. Pour en tirer le meilleur parti, sachez donc comment fonctionnent vos hormones.

CE QUI NOUS SÉDUIT...

Réalisée en 2001 par l'une des plus grandes marques de préservatifs et publiée en 2003, une enquête révèle les comportements sexuels d'aujourd'hui : menée auprès de 18 500 adultes âgés de 16 à 55 ans, elle a couvert 28 pays dont, bien sûr, la France.

40 % des Français se disent séduits par la personnalité d'un(e) futur(e) partenaire.

19 % sont séduits par son physique.

11 % sont séduits par son humour.

2 % sont séduits par sa profession ou son compte bancaire...

L'hormone mâle : la testostérone

La testostérone est une hormone qui stimule le développement des organes génitaux mâles et qui détermine l'apparition des caractères sexuels secondaires. Cette prédatrice sexuelle tient tous les hommes en son pouvoir. En premier lieu, les hommes ont un taux hormonal de 20 à 40 fois supérieur au nôtre – ce qui n'est pas nécessairement une bonne chose, car la testostérone dépend beaucoup de son environnement. En d'autres termes, pour augmenter la dose de testostérone d'un homme, placez-le dans un milieu sportif exclusivement masculin et/ou dans un groupe de femmes : vous constaterez que sa testostérone démarre en flèche, modifiant derechef son humeur et sa conduite.

Au quotidien, sachez que le taux de testostérone est plus élevé le matin – vous l'avez sans doute remarqué –, plus bas dans l'après-midi – quand un homme commence à être fatigué – et très bas le soir – quand il a envie de dormir. Entre ces phases, le taux fluctue.

SIX FAÇONS DE CONTRÔLER SES HORMONES

1. Ne le harcelez pas

Quand votre compagnon a un coup de déprime, son taux de testostérone chute : le voici abattu, renfrogné et sans désir sexuel.

2. Choisissez le bon moment

Ne lui demandez pas des faveurs le soir, quand il est épuisé – vous en subiriez les conséquences. Choisissez plutôt le matin, quand ses pulsions sexuelles sont au plus haut.

3. Laissez-le faire

Ne vous formalisez pas s'il se masturbe en faisant l'amour avec vous. La montée du flot de testostérone accroît les pulsions sexuelles ainsi que l'envie de se masturber.

4. Faites-le bouger

Une activité physique régulière augmente la production des hormones sexuelles, y compris la testostérone.

5. Montrez-lui votre désir

S'il se sent d'humeur léthargique, montrez-lui que vous vous consumez de désir pour lui. Cela arrimera sa testostérone à deux autres hormones, la LH-RH et la DHEA, qui, toutes deux, vont accroître ses pulsions sexuelles et le faire bientôt passer à l'action.

6. Faites l'amour plus souvent

Avoir des rapports sexuels stimule la production de testostérone, non seulement dans les testicules mais également dans le cerveau. Plus vous faites l'amour, plus votre partenaire en redemandera.

Les hormones féminines : les œstrogènes et la progestérone

Les œstrogènes sont les hormones qui permettent l'ovulation ; ce sont elles qui vous mettent dans tous vos états – dans le domaine sexuel –, ce sont elles qui vous rendent attirante et vive ; elles font tout pour attirer l'attention.

La progestérone est une hormone sécrétée après l'ovulation ; elle cherche par tous les moyens à étouffer les feux de la passion et à gâcher votre plaisir.

Si vous vous sentez bizarre, déprimée, ballonnée, sentimentale et un peu folle, ou si, dans la journée, vous vous ennuyez tout simplement à mourir, il y a de fortes chances pour que les responsables soient vos hormones.

Les œstrogènes et la progestérone sont deux hormones dont les modifications, à chaque jour du cycle menstruel, influencent votre désir sexuel. Sachez dans quelle période du cycle vous vous trouvez : cela vous permettra de comprendre les hauts et les bas de vos pulsions sexuelles.

LA FAUTE À UNE HORMONE ?

Les hormones sont sans doute en partie responsables de la différence entre les femmes et les hommes : tandis que les femmes ont besoin de parler après une dispute, les hommes ont besoin de fuir. Selon une étude menée à la Penn State University, une hormone dénommée « ocytocine » pourrait bien être la clé du problème. Chez les femmes, en cas de stress, l'augmentation de cette hormone les pousse à s'exprimer. Hélas ! chez les hommes, elle a l'effet contraire : elle accroît la réponse au stress et leur donne envie de détaler ! Le résultat ne se fait pas attendre : ils se replient sur eux-mêmes, sont furieux ou nous quittent.

Du 1er au 7e jour (à partir du début des règles)

Vous avez le sentiment de sortir d'un cauchemar. Contrairement aux sept jours précédents, vous êtes détendue, sereine et heureuse. Cela est dû avant tout à la libération par l'hypophyse d'une hormone appelée « FSH » – hormone folliculo-stimulante. Cette hormone stimule les ovaires et engendre la production des hormones sexuelles féminines, les œstrogènes.

C'est le bon moment pour :

o se faire de nouveaux amis.

Ce n'est pas le moment de :

o partir à la chasse à l'homme ;

o s'accorder une partie effrénée.

Du 7e au 14e jour

Vous vous sentez attirante. Du 1er au 7e jour, vous vous sentiez calme et sereine au sein de la tempête ? Du 7e au 14e jour, vous allez être propulsée dans l'œil du cyclone. C'est la période la plus marquante de votre cycle, c'est-à-dire le moment de passer à l'action. Grâce aux œstrogènes, vous êtes au mieux de votre forme et de votre pouvoir de séduction. Sur le plan sexuel, cela signifie que vous pouvez allègrement courir après tous les hommes... Toutefois, malgré une très grande confiance en vous, vous manquez de bon sens. Restez donc prudente. Car c'est pendant cette période que vous risquez de rencontrer un pauvre type et, pire encore, après coup de tomber des nues.

C'est le bon moment pour :

o faire l'amour ;

o flirter, flirter et encore flirter.

Du 14e au 21e jour

Vous vous sentez molle, fatiguée. C'est le temps des désastres. Tout d'abord, l'hormone appelée « lutéine » provoque l'ovulation et fait exploser votre libido. Mais après l'ovulation – qui prend entre un et deux jours – le taux d'œstrogènes chute et celui de la progestérone commence à monter.

Alors, la progestérone va tout faire pour saper vos pulsions sexuelles exubérantes. Sur le plan physique, peut-être vous sentez-vous gonflée, en particulier des seins et du ventre ? Vous commencez à faire de la rétention d'eau afin de ne pas être déshydratée quand les règles surviennent. Peut-être vous sentez-vous également toute molle et peu portée sur l'activité physique ? Votre manque d'énergie est dû à l'effet sédatif de la progestérone.

C'est le bon moment pour :

○ rester chez vous ;

○ avoir des conversations intimes ;

○ aller vous coucher de bonne heure.

Ce n'est pas le moment de :

○ passer des nuits blanches.

> « Mon copain dit qu'entre mes règles, le syndrome prémenstruel et la période de déprime après les règles, je suis à peu près de bonne humeur un jour par mois ! »
> Clara, 20 ans.

Du 21e au 28e jour

Vous vous sentez faible. C'était à prévoir car vos deux hormones sexuelles préférées, les œstrogènes et la progestérone, n'ont plus aucune action sur votre organisme. Résultat : vous vous sentez sans doute de mauvaise humeur, irritable, au bord des larmes, déprimée.

Voici une période où vous allez faire n'importe quoi pour le regretter ensuite – par exemple, acheter un ensemble-pantalon jaune canari –, et où vous allez vous sentir passablement déprimée. En effet, votre niveau hormonal est au plus bas, et vos forces sont ailleurs. Il y a tout de même une bonne nouvelle : si la progestérone disparaît, la testostérone, l'hormone sexuelle mâle, fait une timide apparition ; alliée à la baisse du taux d'œstrogènes, elle va vous donner un regain de libido – et la possibilité d'avoir des orgasmes intenses.

C'est le bon moment pour :

○ rester au lit ;

○ avoir un orgasme cataclysmique ;

○ manger du chocolat.

À bas les idées fausses !

S'il est vrai que les hormones donnent envie de faire l'amour et vous rendent épanouie et attirante, il arrive que leur action soit entravée par des blocages psychologiques.

Vous avez l'impression que votre vie sexuelle n'est pas satisfaisante ? Vous vous sentez inhibée dans votre désir ? Cela vaut la peine de vous pencher sur la question et de vous débarrasser de quelques idées fausses.

Idée fausse : le sexe, c'est sale.

Le sexe est sale si vous voulez qu'il le soit, c'est tout. La manière dont vous avez été élevée risque parfois d'inhiber votre plaisir et de vous empêcher d'exprimer votre potentiel sexuel. Avez-vous été éduquée dans une famille où les rapports sexuels avant ou hors mariage étaient considérés comme quelque chose de mal, d'interdit ? Prendre du plaisir à faire l'amour était-il considéré comme contraire à certaines croyances religieuses ? Si c'est le cas, acceptez l'idée que les rapports sexuels entre deux adultes consentants sont aussi naturels et normaux que la fonction respiratoire.

Idée fausse : les femmes ont moins de pulsions sexuelles que les hommes.

Disons que c'est plutôt ce que certains hommes voudraient nous faire croire. En réalité, hommes et femmes ont les mêmes pulsions sexuelles, la différence réside ailleurs : les hommes sont élevés dans l'idée qu'ils ont droit à la sexualité, pas les femmes. Certaines d'entre nous ressentent alors un sentiment de culpabilité à l'égard de leur désir sexuel : elles le répriment, parvenant même à oublier qu'elles ont une libido.

Idée fausse : les hommes ne sont pas dignes de confiance.

Certains hommes seulement ne sont pas dignes de confiance, à l'instar de certaines femmes seulement. Cela n'a donc aucun rapport avec la biologie ou le présumé désir masculin irrépressible, mais c'est plutôt une question d'ordre psychologique.

Idée fausse : être un(e) bon(ne) amant(e) ne s'apprend pas.

Tout s'apprend, dans tous les domaines, et surtout dans le domaine sexuel. En réalité, pour être un(e) bon(ne) amant(e), il faut prendre le temps d'apprendre à faire l'amour. Après tout, les meilleurs amants du monde ne sont pas nés ainsi, ils ont simplement eu la chance de rencontrer une partenaire qui leur a beaucoup appris.

Idée fausse : il faut faire l'amour avec quelqu'un qu'on aime.

Si vous êtes amoureuse, c'est parfait. Mais laissez-moi souligner ceci : l'amour ne garantit en rien une bonne entente sexuelle, et une bonne relation sexuelle n'implique pas nécessairement de l'amour. S'il est vrai que dans le domaine sexuel le rapport entre le corps et l'esprit est étonnant, faire l'amour pour faire l'amour reste toutefois plus courant que vous ne le pensez – pour beaucoup, c'est même un agréable passe-temps.

Idée fausse : il faut être mince pour bien faire l'amour.

Avoir du plaisir sexuel ne dépend pas de la grosseur de votre poitrine, de vos cuisses ou de votre ventre – ou de son pénis et de ses biceps pour un homme. La corpulence constitue un obstacle si vous êtes particulièrement coincée, si vous passez votre temps à essayer de rentrer le ventre ou si vous insistez pour être dans le noir absolu.

Idée fausse : vous n'êtes pas portée sur le sexe.

Est-ce la vérité ? En êtes-vous arrivée à le croire après les déboires de votre vie sexuelle passée ou présente ? Il est vrai que de mauvaises expériences n'incitent guère à être portée sur le sexe ; au contraire, cela conduit plutôt à ne plus avoir envie du tout. Voilà une raison supplémentaire pour faire de nouvelles expériences et aller voir s'il n'y a pas anguille sous roche.

Idée fausse : au bout d'un certain temps, il est normal de s'ennuyer au lit.

Faire l'amour ne devient ennuyeux que si, vous-même, vous vous ennuyez. Le sexe perd vite de son intérêt quand on arrête d'expérimenter, de rechercher la nouveauté et de séduire l'autre, et tout bêtement quand on renonce à faire l'amour dans un autre endroit que son lit. Croyez-moi : le sexe illuminera votre vie si vous y mettez un peu du vôtre.

Pourquoi c'est bon pour vous

S'il y a dans l'existence des choses plus importantes que la sexualité, il faut bien reconnaître que faire l'amour met un peu de sel dans tout cela. Par ailleurs, c'est bon pour la ligne comme pour la santé – ce qui permet d'oublier la salle de sport et autres clubs de gym. Côté santé, voici par exemple ce qu'une pratique sexuelle régulière peut vous apporter...

1. Diminuer les risques de maladies cardiovasculaires

Menée récemment à l'université de Bristol et portant sur 2 500 personnes, une étude a prouvé que faire l'amour trois fois par semaine au moins diminue de 50 % les risques de maladies cardiovasculaires. Ça vaut tous les entraînements sportifs.

2. Augmenter l'espérance de vie

D'après une étude de l'université du pays de Galles, les gens qui ont deux orgasmes ou plus par semaine présentent une meilleure espérance de vie que ceux qui ne pratiquent ni sexe ni masturbation.

3. Améliorer l'humeur

Des chercheurs américains de l'université de Virginie ont découvert que faire l'amour et avoir une stimulation génitale régulière augmente le taux d'œstrogènes. Cette augmentation diminue les symptômes du syndrome prémenstruel et améliore l'humeur de façon significative.

4. Préserver sa jeunesse et sa santé

Une étude due au Royal Edimburg Hospital et portant sur 3 500 personnes l'a prouvé : les personnes qui font plus jeunes que leur âge sont celles qui témoignent d'une vie sexuelle active.

5. Rendre plus attirante

Les hommes et les femmes qui ont souvent fait l'amour dans leur jeunesse en gardent, en vieillissant, la capacité physique. Imaginez à quel point vos jambes s'atrophieraient si vous ne les utilisiez pas pendant des mois : c'est la même chose pour la sexualité. Une libido peu ou mal entretenue disparaît avec l'âge.

6. Éviter les régimes

Faire régulièrement l'amour augmente les hormones sexuelles, la DHEA et les œstrogènes. Résultat : le taux de cholestérol diminue, et nul besoin de suivre un régime. En effet, la DHEA et les œstrogènes possèdent une action sur le métabolisme des graisses : cela déclenche le « cycle des acides gras », qui engendre une augmentation du métabolisme, donc une plus grande consommation d'énergie.

7. Diminuer les risques d'infarctus

Faire régulièrement l'amour provoque une baisse générale de la tension artérielle – ce qui, à long terme, est excellent pour la santé. Une tension basse améliore non seulement le rythme cardiaque mais aide également à prévenir les accidents vasculaires et cérébraux liés au vieillissement.

8. Aider à bien dormir

Pendant l'orgasme, le taux de l'hormone ocytocine est cinq fois plus élevé que la normale. Conséquence : on dort beaucoup mieux. Par ailleurs, le sommeil profond active la production par les neurotransmetteurs d'une autre hormone, la mélatonine, qui augmente le désir et agit sur la dépression. Plus important encore, la mélatonine est un antioxydant qui lutte contre les radicaux libres ; ces derniers favorisent le vieillissement et les pathologies liées à l'âge telles que l'ostéoporose et les maladies cardiovasculaires.

C'EST BON DE TOMBER AMOUREUX

Selon une enquête récente, tomber amoureuse rend attirante et épanouie. Il semblerait que les personnes qui viennent de rencontrer quelqu'un ont deux fois plus de chances d'adopter de bonnes habitudes alimentaires que celles qui sont célibataires ou qui vivent depuis longtemps en couple.

chapitre 2

Comment être seule
et ne jamais vous ennuyer pour autant

La masturbation, vous connaissez ?

Masturbation, autoérotisme, onanisme, plaisir solitaire... : appelez ça comme vous voulez. Voilà des mots qui font pâlir ou glousser la plus ardente des amantes, car la masturbation féminine reste un sujet tabou. Vous vous masturbez ? Sans doute est-ce parce que vous êtes une pauvre créature esseulée dont personne ne veut ou bien une nymphomane effrénée...

La masturbation, vous connaissez ? C'est probable, car la plupart des gens, même les plus paresseux sur le plan sexuel, se masturbent. Et nombreux sont les hommes, et les femmes aussi, qui en retirent, il faut bien le reconnaître, un plaisir incomparable. Peu importe les goûts et les couleurs de chacun : se masturber, fantasmer, tant sur un plan mental que physique, est le véritable secret de toute sexualité réussie. En revanche, s'asseoir au bord du chemin en attendant qu'un amant expérimenté veuille bien vous initier ne mène à rien.

J'ai une bonne nouvelle pour vous : se masturber, fantasmer et s'adonner au plaisir solitaire, imaginatif et épanouissant ne ruine pas la sexualité, tout au contraire. Ça ne rend pas non plus aveugle et ça ne détruit pas vos chances d'avoir du plaisir, dans l'avenir, avec un partenaire.

Ensuite, tout est affaire de choix personnel : tandis que certains s'en donnent à cœur joie, se déshabillent et utilisent tout leur corps pour s'enflammer et jouir, d'autres au contraire n'aiment pas se toucher mais se masturbent de façon toutefois efficace en fantasmant ou en pressant leurs organes génitaux ; d'autres encore utilisent divers objets et accessoires (voir le chapitre 6) ; d'autres enfin aiment le faire au bureau – si c'est le cas, soyez prudente...

Quelles que soient vos préférences, ce chapitre vous concerne. Car pour avoir une sexualité épanouie, il faut se masturber. Apprenez à faire fonctionner, chanter et vibrer votre corps et votre esprit : je vous garantis que votre amant en redemandera.

Explorez votre corps : c'est un ravissement

« Je ne supporte pas l'idée de me caresser. J'ai essayé une fois, et je me suis senti à la fois pervers et plutôt bête. Je ne suis pas coincé sur le plan sexuel, mais la masturbation, ce n'est pas pour moi. » Jacques, 20 ans.

Mais pourquoi donc se masturber ? Parce que se masturber régulièrement, c'est être assuré de garder une sexualité épanouie toute sa vie durant, tous les chercheurs en ce domaine vous le confirmeront. En effet, la masturbation présente de nombreux avantages.

LES BIENFAITS DU PLAISIR SOLITAIRE

- Il permet de vous défouler, que vous soyez célibataire ou en couple.
- Comparons la libido à un muscle : plus vous la faites travailler, plus elle se développe. Entraîner ses capacités sexuelles rend les « muscles d'amour », au sens propre, de plus en plus puissants.
- Excepté les bénéfices sexuels, la masturbation présente de nombreux avantages pour la santé : réduire le stress et l'angoisse, mais aussi les douleurs menstruelles ; favoriser la production de l'hormone du sommeil, donc garantir une bonne nuit.
- La masturbation peut être comparée à un investissement financier : vous récoltez les bénéfices de ce que vous avez placé sur votre compte sexuel.
- Le plaisir solitaire vous permet de dire à votre partenaire ce que vous aimez et de lui montrer comment vous aimez être caressée.

Si cela vous intéresse toujours, voici comment vous y prendre :

Règle n° 1 : oubliez toutes vos habitudes.

La masturbation est une question de goût, et sa pratique ne regarde que vous. Toutefois, pour apprendre à vous caresser sans vous sentir ridicule, il vous faut tout simplement commencer par explorer votre corps.

Règle n° 2 : recherchez l'intimité.

Se masturber en privé, c'est bien sûr beaucoup mieux. Vous ne vous sentirez sûrement pas très excitée si vous avez peur qu'à tout moment une personne entre dans la pièce : fermez donc la porte. Choisissez également un moment et un lieu où vous ne serez pas dérangée par votre colocataire ou votre voisine. Éteignez votre portable et votre répondeur – je suis sûre qu'un message de votre mère vous glacerait instantanément. Puis mettez-vous à l'aise. À vous de choisir : certaines éteignent la lumière, d'autres se déshabillent.

Règle n° 3 : ne restez pas les bras ballants.

Laissez vos mains se promener et effleurer votre corps. Partez découvrir vos zones érogènes (voir le chapitre 1), sans oublier les autres parties de votre corps, vos lèvres, votre visage ou votre cou. Sans doute connaissez-vous déjà les zones qui vous font frémir de plaisir, mais en explorer de nouvelles améliorera votre image corporelle et votre potentiel sexuel. Et par-dessus tout, souvenez-vous que vous n'êtes pas en train de mener une expérience scientifique : ne traitez pas votre corps comme un vulgaire morceau de viande. Essayez également les pensées érotiques.

Règle n° 4 : pensez à des choses érotiques.

Si c'est pour vous la première fois, vous avez besoin de vous mettre en condition ; certaines femmes utilisent un film ou un livre érotique, à vous de voir. Si ce n'est pas votre genre, imaginez une scène érotique, pensez à une rencontre passée, à un merveilleux amant que vous avez eu – ou que vous avez –, souvenez-vous d'un moment, dans un film, qui vous a particulièrement excitée. Laissez aller votre imagination.

Essayez de vous mettre dans l'ambiance. Ne soyez pas trop critique à l'égard de vous-même, ne pensez pas à l'éventuel ridicule de la situation, sinon vous ne jouirez sans doute pas.

Posez-vous des questions :

○ Qu'est-ce qui vous donne le plus de plaisir ? quand vous vous palpez les seins fortement ? délicatement ?

○ Quelle sensation préférez-vous ? quand vous vous caressez l'intérieur des cuisses ? quand vous les pincez légèrement ?

○ Qu'est-ce qui est le plus agréable ? Quand vous vous massez les mamelons ? quand vous les caressez ?

Lorsque vous êtes prête, descendez vers le bas-ventre. Voici quelques idées parmi les plus appréciées :

○ caressez-vous le clitoris avec la paume de la main, ou avec toute la main, ou avec les doigts ;

○ pressez le clitoris avec un objet – par exemple, un oreiller ou une serviette de toilette ;

○ frottez le clitoris contre le matelas ;

○ appliquez un vibromasseur contre le clitoris ;

o introduisez vos doigts dans le vagin ;

o caressez-vous la poitrine, les seins et les mamelons ;

o caressez-vous toutes les zones érogènes et les parties génitales.

C'EST BON POUR LA SANTÉ

Qu'est-ce qui soulage le mal de tête, combat la dépression et lutte contre tous les petits bobos de la vie quotidienne ? Selon une étude menée aux États-Unis, la réponse est : la stimulation génitale.

Règle n° 5 : parvenez à vos fins.

Vous avez tout essayé ? Et il ne s'est rien passé ? Ne baissez pas les bras ! Vos espérances étaient peut-être démesurées, vous étiez trop tendue, ou bien quelque chose vous a dérangée. Parfois on arrive à jouir en se masturbant, parfois les sensations sont faibles, voire nulles. Voici quelques solutions en cas de panne :

o Êtes-vous sûre d'être assez lubrifiée ? Le terme vous rebute peut-être, mais il faut savoir que caresser une zone aussi aride qu'un désert ne favorise pas le plaisir. Achetez donc, si besoin, un gel lubrifiant.

o Puis pensez « position ». Étiez-vous assise ? allongée ? debout ? assise sur une chaise ? Quand on est débutante, le mieux est de s'allonger sur le dos, les jambes écartées. Si cette position ne marche pas, si vous vous sentez trop exposée, essayez la position couchée sur le ventre, la tête contre l'oreiller. Ce n'est pas très pratique pour vous caresser la poitrine mais, au moins, vous serez détendue.

o Enfin, changez la façon de vous caresser. La pénétration vous dégoûte ? Ne le faites pas. Vous détestez les tiraillements quand vous vous caressez ? Dans ce cas, faites-le en cadence ou selon des mouvements circulaires. Faites glisser vos doigts le long du corps, ou imaginez comment vous aimeriez qu'on vous caresse, et faites-le.

o Ne soyez pas obsédée par l'orgasme. Si l'on en croit les statistiques, il faut en moyenne 4 minutes aux femmes pour jouir en se masturbant, mais dans bien des cas, c'est plus long.

o Changez de rythme. De même que vous n'aimez pas que votre partenaire vous saisisse les seins ou vous pénètre brutalement, trouvez votre propre cadence. Variez l'intensité et le rythme de vos caresses en essayant jambes écartées ou jambes serrées.

Règle n° 6 : sortez de votre chambre.

Même si vous êtes plus à l'aise dans votre lit, masturbez-vous également ailleurs, si le cœur vous en dit, car vous en tirerez des bénéfices. Sans aller jusqu'à l'exhibitionnisme et le faire dans le bus. Mais davantage de témérité paie quelquefois. Essayez dans la salle de bains, sous la douche, assise sur une chaise en face d'un grand miroir, debout et toute habillée, et pourquoi pas avec votre partenaire, en faisant l'amour.

LE MEILLEUR APPRENTISSAGE

Des recherches récentes le prouvent : dans le domaine du plaisir, on n'est jamais mieux servi que par soi-même. Selon une étude américaine menée par l'université John Hopkins, la masturbation est le meilleur moyen d'apprendre à jouir, de devenir expert en la matière et d'obtenir exactement ce que l'on veut avec son (sa) partenaire.

La masturbation masculine

Quelques mots sur le sujet ne vous seront pas inutiles. Cela peut paraître sexiste, mais la masturbation masculine est un sujet moins tabou que la masturbation féminine. Force est donc de constater qu'à l'âge de 14 ans, et au maximum à 25 ans, les hommes ont en général acquis certaines compétences en ce domaine. Autrement dit : quand vous sortez avec un homme, il y a de grandes chances pour qu'il soit déjà passé expert en la matière. En règle générale, la masturbation masculine est rapide, réalisée presque tous les jours et n'a rien à voir avec le fait de coucher avec quelqu'un, d'être célibataire ou marié. Nous pouvons donc en conclure que les hommes savent très exactement ce qui leur convient ou non – voilà une bonne raison de prendre exemple sur votre partenaire.

CE QUE LE PLAISIR SOLITAIRE APPREND AUX HOMMES

- Retarder l'orgasme.
- Sentir le point de non-retour – très important pour votre propre vie sexuelle.
- Savoir ce qui les fait jouir et ce qui les excite.
- Ne pas s'ennuyer.
- Éviter les frustrations sexuelles.
- En règle générale, se déstresser.

Mais comment font-ils ?

La plupart du temps, les hommes commencent par penser à quelque chose d'excitant et, comme ils sont souvent plus ouverts et plus honnêtes que nous, ils reconnaissent volontiers que les images les excitent ; ils utilisent donc quantité de moyens, allant des films aux magazines pornographiques, ou recourent tout simplement à leur imagination. En règle générale, la stimulation du pénis provoque leur orgasme.

Voici donc quelques formes de masturbation masculine :

o ils se massent et se frottent le pénis selon des mouvements rapides ;

○ ils se caressent le gland, une zone très innervée ; c'est une simple pression du gland ou bien une alternance de va-et-vient sur le pénis et sur le gland ;

○ ils se caressent partout de manière assez vigoureuse, y compris sur le scrotum et les testicules ;

○ ils se caressent le périnée, les cuisses et les fesses ;

○ ils tirent en mouvements cadencés sur le prépuce ;

○ pour faciliter les choses, certains utilisent également un lubrifiant.

En cas de problème

> « Je me souviens qu'une de mes ex-petites amies m'a surpris en train de me masturber. Elle a été horrifiée. On aurait dit que, pour elle, se masturber c'était comme la tromper. Elle m'a fait la tête pendant des jours. C'est bizarre, non ? »
> Thomas, 25 ans.

Être confrontée à la masturbation, c'est aussi prendre conscience de certains problèmes. Car si le plaisir solitaire apporte beaucoup, il n'en va pas de même quand on prend les choses trop au sérieux.

○ Variez la façon dont vous vous masturbez. Si votre manière de jouir est trop routinière, vous ne pourrez plus jouir autrement. C'est très mauvais pour votre sexualité car, rappelez-vous, si la masturbation est la clé du plaisir, elle n'est pas le seul moyen d'en avoir.

○ Ne simulez pas le plaisir quand vous faites l'amour, pour vous faire jouir ensuite toute seule. Même si c'est très agréable de jouir en se masturbant, ce n'est pas fait pour compenser les problèmes rencontrés lors de rapports sexuels. N'attendez surtout pas que votre partenaire se retourne et commence à ronfler. Si vous n'avez pas eu de plaisir, prenez-lui la main et montrez-lui ce qu'il doit faire.

○ Ne soyez pas étonnée par l'intensité de son orgasme. En se masturbant, beaucoup d'hommes se saisissent très fermement les parties génitales – ce qui les fait parfois jouir plus fortement que la pénétration vaginale.

○ Ne soyez pas horrifiée par sa manière de faire. Souvenez-vous : la masturbation est un guide utile pour améliorer la sexualité et non un parcours balisé.

○ Vous avez essayé et vous détestez toujours ça ? Alors arrêtez tout net : surtout ne vous forcez pas. Quand il s'agit de sexualité, ne faites jamais quelque chose qui vous met mal à l'aise. Voyez plutôt comment faire travailler votre imagination, c'est-à-dire comment fantasmer (voir plus loin).

○ Vous êtes ensemble, d'accord, mais ne pensez pas que votre partenaire va arrêter de se masturber pour autant. Il s'est masturbé pendant des années, et il ne voit pas pourquoi il s'arrêterait maintenant. Ce n'est pas parce que faire l'amour avec vous ne lui suffit pas. Il n'y a donc pas de problème, excepté s'il fait passer la masturbation avant le sexe. Mais, après tout, qu'est-ce qui vous empêche de continuer, vous aussi ? Nous l'avons vu, la masturbation améliore la sexualité, renforce la libido et consolide le désir sexuel.

Faites-le ensemble

Enrichissez votre vie sexuelle avec tout ce que vous avez appris sur vous-même, car, sauf si vous rencontrez un homme doué de télépathie, il y a très peu de chances pour que votre partenaire sache lire dans vos pensées et devine ce qui vous fait jouir. Le moyen à la fois le plus érotique et le plus paresseux de découvrir comment l'autre fonctionne est de se masturber ensemble : tout d'abord parce qu'il est cent fois plus facile de parler de sexe quand on est nus et dans l'ambiance, ensuite parce que se masturber mutuellement est beaucoup moins gênant qu'on ne le pense. Sans doute le faites-vous ou l'avez-vous déjà fait – vous souvenez-vous de vos premiers attouchements ? C'est de ça qu'il s'agit. Il existe de nombreuses manières de procéder ; choisissez celle qui vous convient et qui vous met à l'aise.

S'observer l'un l'autre

Voilà un excellent moyen de savoir comment votre partenaire aime être caressé ; s'observer l'un l'autre renferme un énorme potentiel d'excitation.

En général, quand il s'agit de livrer leurs petits secrets, les hommes sont moins timides que les femmes. Ça paraît un peu bizarre, surtout si vous avez eu une vie sexuelle active, mais avoir le courage de lui révéler comment vous vous masturbez peut s'avérer difficile. Si ça vous gêne, laissez-le parler en premier, et quand viendra votre tour, imaginez que vous êtes en représentation : si vous vous sentez mieux ainsi, restez à demi habillée, et dites-lui ce que vous êtes en train de faire et pourquoi. Non seulement ça l'excitera mais ça lui permettra d'enrichir les· prochains préliminaires.

Faites-le pour vous :

○ observez ce qu'il fait, à quelle allure et à quel rythme il jouit ;

○ dites-lui ce qui vous plaît et ce qui vous déplaît dans sa manière de faire ;

○ émettez quelques sons. Sans doute savez-vous exactement ce que vous ressentez, mais il se peut que votre partenaire ne sache pas décrypter vos signaux. Gémissez, soupirez et geignez bruyamment afin qu'il capte le message ;

○ observez-le attentivement. Vous n'êtes pas habituée à le masturber ? En regardant comment il fait, vous saurez comment vous y prendre, sans avoir besoin de lui demander ;

○ ne soyez pas obsédée par l'orgasme. Est-il focalisé par son pénis ou cela va-t-il au-delà ?

○ ne vous concentrez pas uniquement sur vos organes génitaux. Indiquez-lui vos zones érogènes, les seins, la nuque, et partout où vous aimez être caressée ;

○ ne soyez pas timide. Faites-le participer, posez ses mains sur les vôtres, montrez-lui quoi faire, puis cédez-lui la place ;

○ incluez ces petits jeux dans vos relations sexuelles habituelles.

C'EST BON POUR LA DOULEUR ....

Toute forme de contact sexuel, qu'il mène ou non à l'orgasme, augmente la production d'endorphines – des antalgiques naturels fabriqués par l'organisme, qui bloquent la douleur.

Se masturber mutuellement

Les avantages de la masturbation mutuelle sont multiples : avoir un orgasme plus intense provoqué par un simple attouchement ; avoir plus de chances d'atteindre l'orgasme ensemble, surtout quand votre partenaire s'occupe en premier de vous.

Se masturber mutuellement signifie se caresser l'un l'autre en même temps. Voilà un moyen rapide de faire monter le désir et d'atteindre l'orgasme, le but étant d'y parvenir uniquement par des attouchements. Explorez le corps de l'autre en utilisant vos mains, vos lèvres, votre bouche et vos paroles. Portez votre attention sur les zones érogènes dont vous avez déjà l'expérience, ainsi que sur celles qui suivent.

1. De part et d'autre du corps

Les parties latérales du corps, à gauche et à droite, sous les côtes, sont des zones hautement érogènes trop souvent négligées. Localisez l'endroit exact en effleurant et en caressant votre peau de haut en bas, à 5 cm environ des aisselles. Si vous atteignez le point sensible, cela provoque un petit coup dans le ventre et des fourmillements dans la colonne vertébrale. Le ventre est bourré de terminaisons nerveuses ; très érogène, il est rarement caressé. Ensuite, après avoir repéré l'endroit, demandez à votre partenaire de le caresser doucement, en des mouvements longs et légers. Si ses caresses sont trop appuyées, vous ne ressentirez rien, mais s'il fait bien les choses, sous ses mains vous vous tordrez de plaisir.

2. Les lobes d'oreilles

C'est une zone très sensible. Le lobe de l'oreille est si érogène que tout effleurement, tout mordillement, toute caresse envoie des messages de plaisir effrénés au cerveau. Mais attention au mode d'emploi : contrairement à ce que vous croyez peut-être, le bain de salive dans l'oreille n'est pas très érotique et rarement apprécié.

3. Les mains et les doigts

Directement connectés au cerveau, les doigts sont très sensibles. Ils méritent d'être caressés tendrement, et même sucés. Pour un effet garanti, suggérez à votre partenaire d'introduire un doigt ou deux dans sa bouche, puis de les sucer de manière suggestive. Vous aurez ainsi une bonne indication de son niveau technique général... Sans oublier que se regarder les yeux dans les yeux tout en se léchant les doigts est si érotique que cela se passe de mots !

4. Les pieds et les chevilles

La plante des pieds et l'espace situé entre les orteils sont en étroite relation avec les organes sexuels. Toucher ces endroits excite beaucoup plus vite que n'importe quelle caresse bâclée. Afin que le courant passe entre vous, demandez à votre amant de glisser délicatement un doigt entre vos deux orteils, puis d'en faire doucement le tour. Vous serez aussitôt émoustillée, car ces tendres et douces cavités adorent qu'on leur prête attention et qu'on les câline. Enfin, assurez-vous qu'il vous couvre la cheville de petits baisers et qu'il vous caresse le mollet en remontant vers le genou – un autre endroit sensible.

5. L'intérieur des cuisses

Sans doute savez-vous déjà que l'intérieur des cuisses est une partie du corps parmi les plus brûlantes... mais savez-vous comment atteindre un orgasme en stimulant cette zone uniquement avec les mains ? C'est encore une question de terminaisons nerveuses mais également d'anticipation du plaisir. Quoi de plus excitant que de sentir un souffle chaud et des doigts inquisiteurs parcourir l'intérieur de vos cuisses ? Votre partenaire doit vous attiser par des caresses amples et, si vous le supportez, par de légers chatouillements. Attention, pas de triche !

6. Les cheveux

Vous êtes-vous jamais demandé pourquoi vous aimez passer les mains dans vos cheveux ? Parce que se tirer doucement les cheveux masse le cuir chevelu et donne de l'énergie à tout le corps. Si vous voulez que votre chevelure vous procure des sensations sexuelles, vérifiez tout d'abord deux choses : premièrement, assurez-vous que votre amant connaît bien la différence entre tirer délicatement les cheveux et les arracher ; ensuite, assurez-vous que vos cheveux sont défaits afin qu'il puisse facilement y faire courir ses mains. Pour vous donner un maximum de plaisir, votre partenaire doit partir de la base du cuir chevelu, en allant vers l'intérieur, ensuite promener doucement sa main à travers votre chevelure, puis revenir vers la nuque – sans oublier au passage de l'embrasser.

7. La colonne vertébrale

Avez-vous déjà été massée ? Si c'est le cas, je ne vous apprends rien en vous disant que la colonne vertébrale est truffée de minuscules zones érogènes, dont beaucoup se trouvent à la base de la colonne. Votre partenaire veut-il vous rendre folle de plaisir ? Suggérez-lui de pratiquer de petits mouvements circulaires, depuis la nuque jusqu'aux fesses. Ensuite, demandez-lui de laisser courir ses mains le long de votre colonne, de haut en bas, en promenant ses doigts sur votre peau, comme s'il pianotait. Vous allez très vite vous consumer de désir et avoir les nerfs du dos en feu. Sans oublier, si possible, un petit plus : pendant qu'il vous masse les épaules et le haut de la colonne, votre amant pourrait-il s'allonger en partie sur vous ?

8. L'arrière des genoux et le creux des poignets

Voilà des zones trop souvent négligées. C'est dommage, car elles possèdent un fort potentiel érotique. En bref, cela signifie que ce sont des parties du corps à embrasser, à caresser et/ou à sucer afin d'avoir le sang qui bat au bon endroit, qui chauffe, qui fait palpiter et qui vous donne le feu aux joues... Ai-je besoin de continuer ?

9. Les avant-bras

Selon les spécialistes du langage corporel, les avant-bras constituent une zone très érotique car ils sont rarement vus et touchés. Oui, en effet, réfléchissez : à quelle occasion montrez-vous l'intérieur de vos bras ? Relevez vos manches et demandez à votre partenaire de caresser et d'embrasser cette douce partie de votre corps. Cela va vous exciter au plus haut point. Et demandez à votre partenaire un petit supplément : qu'il glisse son visage et ses lèvres à l'intérieur de vos bras, avec une délicatesse extrême et une lenteur désespérante.

10. Le ventre

Le ventre est encore une zone érogène trop souvent oubliée, en général parce que vous êtes trop occupée à le rentrer pour laisser votre amant s'y intéresser. Mais si vous laissez ses doigts et ses lèvres s'y promener, vous verrez que c'est très bon. Si vous ne supportez pas cette idée, alors demandez-lui d'explorer votre nombril : cela donne de minuscules frissons dans tout le corps. Toutefois, prenez une précaution : si votre partenaire se lance dans un massage, qu'il respecte surtout le sens des aiguilles d'une montre, sinon votre digestion en sera perturbée. Et avant de commencer, assurez-vous de ne pas avoir de gaz.

Les fantasmes : trouvez ce qui vous inspire

La masturbation n'est pas le seul et unique moyen de provoquer une excitation : les fantasmes constituent sans doute l'un des plus puissants instruments du désir. Si vous voulez pouvoir vous enflammer, à la demande et pour toujours, composez-vous une bibliothèque d'ouvrages érotiques dans laquelle vous viendrez piocher, seule ou accompagnée.

Chacune d'entre nous construit, possède et entretient ses propres fantasmes – quels qu'ils soient. Le plaisir de fantasmer est immense car ce que vous échafaudez échappe entièrement à la réalité : un fantasme n'est pas la réalité, il ne prétend jamais l'être et il n'a nul besoin d'être rejoué dans la réalité pour exister et être efficace.

Le principal, c'est d'avoir ses fantasmes personnels. Un bon scénario érotique doit vous mettre en avant, comme actrice principale de la scène – si c'est ce qui fonctionne pour vous –, et vous exciter presque tout de suite. Si masturbation et fantasmes vont bien ensemble, fantasmer tout en faisant l'amour peut également s'avérer très utile, surtout si vous avez du mal à atteindre l'orgasme ou si votre partenaire témoigne d'une imagination désespérante de pauvreté.

LES FANTASMES FAVORIS DES FEMMES

- Être prise par un inconnu.
- Sortir avec quelqu'un de célèbre.
- Faire une partie à trois.
- Faire l'amour avec une autre femme.
- Faire l'amour en étant observée par une tierce personne.
- Être punie ou recevoir une fessée.

Mais d'où viennent-ils ?

Selon plusieurs spécialistes, nos fantasmes se forment dès l'enfance et sont élaborés à partir d'événements que nous avons vus, lus ou vécus. Ils représentent et mettent en scène des choses qui nous titillent, qui nous excitent, qui appartiennent en général au domaine du grivois ou de la transgression. Quel que soit ce qui se cache derrière vos fantasmes, ne vous sentez jamais coupable d'en avoir, car ces rêves éveillés ne sont que des images mentales qui servent à améliorer votre sexualité. Ces rêves ne sont ni réels, ni le signe de votre perversion, ni encore, rassurez-vous, l'indication de ce que vous aimeriez faire dans la réalité.

Tandis que les fantasmes de certaines personnes révèlent un thème récurrent, d'autres, au contraire, font constamment varier les scénarios. Toutefois, des recherches montrent que certains schémas sont communs aux fantasmes masculins et féminins. Il s'agit souvent de faire l'amour avec quelqu'un de connu, voire d'être violé(e), d'être soumis(e) et d'être dominé(e) pour mieux dominer.

Le facteur commun à tous les fantasmes, même si ceux des hommes sont souvent plus visuels (voir plus loin la pornographie), est la tendance à imaginer des choses que l'on voudrait faire ou essayer. Vous êtes inquiète d'apprendre tout ce que votre partenaire a dans la tête ? Il ne faut pas. Par la même occasion, révisez donc vos idées fausses.

Idée fausse : si je rêve de femmes, c'est que je dois être homosexuelle.

Pas du tout – sauf si c'est déjà le cas. Les fantasmes qui impliquent le même sexe sont une façon de jouer avec cette idée ; ils ne signifient rien d'autre qu'une curiosité de votre part. Si, bien entendu, vous fantasmez sur les femmes, que vous pensez avoir des relations avec le « mauvais » sexe, ou encore si vous cherchez à faire une expérience homosexuelle, alors et seulement alors votre fantasme veut dire autre chose.

Idée fausse : en faisant l'amour, je fantasme sur d'autres hommes – ça signifie que je dois quitter mon compagnon.

Demandez à n'importe quel couple qui dure depuis des années : (presque) tous vous avoueront qu'ils aimeraient mieux parfois faire l'amour avec une star qu'avec leur partenaire réel(le). Cela ne veut pas dire qu'ils veulent tout quitter pour une célébrité, mais cela constitue simplement un moyen secret de pimenter, pour une nuit, une relation de longue durée. Pas de quoi se sentir coupable, excepté si cela vous arrive à chaque fois que vous faites l'amour et si, bien sûr, vous êtes vraiment décidée à quitter votre compagnon.

Idée fausse : avoir des fantasmes bizarres, ça signifie que je suis bizarre.

Il existe une énorme différence entre avoir des rêves étranges ou des fantasmes bizarres, et vouloir faire des choses bizarres dans la réalité. Des gens rêvent que des brigands les attachent nus à un arbre et qu'ils sont sauvés par un preux chevalier : c'est étrange, mais ça ne signifie pas qu'ils sont eux-mêmes bizarres. La seule et unique chose dont vous devez vous inquiéter, c'est lorsque vos fantasmes vous effraient vous-même ou quand vous êtes poussée à accomplir une action qui risque de vraiment vous blesser ou de blesser quelqu'un. Si c'est cela que vous nommez « bizarre », alors oui, cela mérite peut-être que vous en parliez à un psychothérapeute, juste par acquit de conscience.

Idée fausse : le grand fantasme des hommes, c'est de s'imaginer avec une autre femme.

C'est absolument faux. Quand on demande aux hommes à quoi ils pensent en faisant l'amour, la réponse est généralement : au sexe, tout simplement. Les hommes vivent le sexe dans le moment présent ; contrairement aux femmes, leur esprit ne vagabonde pas dans tous les sens pour choisir un scénario érotique dans leur bibliothèque de fantasmes, mais ils sont concentrés sur leur plaisir immédiat. Votre partenaire pense peut-être à d'autres femmes pendant les préliminaires : cela ne signifie pas pour autant qu'il vous est infidèle – ceux qui témoignent d'une imagination visuelle s'excitent souvent de cette manière-là. C'est un jeu sexuel, c'est tout.

LES FANTASMES FAVORIS DES HOMMES . . . .

- Les grosses poitrines.
- Être dominé.
- Dominer.
- Être puni.
- Observer deux femmes faisant l'amour.
- Sortir avec une star.

Les éteignoirs : ceux qui tuent l'amour

De même qu'il existe une panoplie de situations, de scénarios et de personnes qui pimentent votre vie, il existe également un grand nombre d'éteignoirs et de situations « tue-l'amour ». Même s'ils vous sont personnels – vous avez tout à fait le droit d'avoir vos idées sur la question –, certains peuvent toutefois, si vous n'y faites pas attention, gâcher votre vie sexuelle.

La brigade antisexe

Heureusement, vous êtes une bombe sexuelle... Vous ne serez donc jamais confrontée à cette catégorie de personnes. Car il existe des gens qui pensent que l'amour, c'est sale, qu'il ne faut pas prendre du plaisir – surtout pas hors du mariage. Peut-être avez-vous été éduquée ainsi ? Si c'est le cas, vous devriez en parler ; un psychothérapeute abordera ces questions avec vous et vous aidera à vous libérer de vos inhibitions.

Les amants tyranniques

Certains partenaires tentent d'imposer leurs propres règles. C'est en général le cas quand on rencontre quelqu'un qui se dit plus expérimenté et qui exige donc que vous fassiez les choses à sa façon. Mais, dans le domaine sexuel, la règle est simple : il faut faire uniquement ce qu'on aime faire. Et comme nous l'avons vu, la masturbation n'est pas pour tout le monde, de même que certains gestes, certains fantasmes ou certains comportements. Le manque d'expérience n'a rien à voir avec ce qui peut vous exciter ou vous rebuter. En amour, soyez vous-même. Sinon ça n'ira pas.

Il a envie quand vous n'avez pas envie

De même, être contrainte de faire l'amour est un vrai tue-l'amour... Ne croyez pas les magazines et les livres qui prétendent que, si vous n'êtes pas prête à démarrer au quart de tour et si vous n'êtes pas une bombe sexuelle, vous êtes vraiment nulle. Heureusement, ce n'est pas le reflet de la réalité. Peu de gens se cassent la tête à trouver des positions dignes des Jeux olympiques ; la plupart s'en tiennent à la traditionnelle position du missionnaire. Par ailleurs, la majorité d'entre nous ne font pas l'amour dans des endroits publics dangereux mais simplement dans leur chambre, et les femmes – même les plus hardies – portent des sous-vêtements achetés au supermarché. Tout le monde n'est pas une bête sexuelle : cela ne signifie pas pour autant que vous êtes une rabat-joie et une femme terne – et tout le monde n'a pas envie de porter des dessous provocants.

Un mot sur la pornographie

> « À l'âge de 8 ans, en cachette, j'ai jeté un coup d'œil avec un ami
> sur un magazine pornographique. Les photographies nous ont
> complètement dégoûtés. Je me souviens avoir pensé : "Oh là là !,
> qu'est-ce qui se passe donc entre les jambes d'une femme ?
> Moi, jamais je ne ferai ce genre de truc." »
> Marc, 20 ans.

L'idée vous laisse-t-elle de marbre ? Ou bien vous plaît-elle beaucoup ?
Avec la pornographie, c'est tout l'un ou tout l'autre : tandis que certaines
femmes pensent que c'est dégradant et que c'est réservé à des exhibition-
nistes un peu détraqués, d'autres en revanche s'excitent en regardant des
films pornographiques. Quels que soient vos sentiments à cet égard,
reconnaissez que c'est souvent le passage obligé des adolescents. En
d'autres termes, il y a peu de chances pour que vous ne rencontriez pas un
homme qui n'ait jamais jeté au moins un œil à ce genre de choses. Il se
pourrait même qu'il continue. Si vous mourez d'envie de le savoir, posez-
lui la question.

La réponse que vous obtiendrez dépendra de deux choses : du ton de
votre voix si vous connaissez la réponse à l'avance. Et si vous avez déjà
fouillé dans ses affaires et découvert un carton rempli de dix années de
magazines pornographiques, vous serez tentée de le considérer comme
un pauvre type. Si c'est le cas, sachez d'abord ceci :

o nombreux sont les hommes et les femmes qui utilisent la pornographie
comme stimulant visuel, seuls ou à deux ;

o si votre partenaire ne vous force pas à regarder, c'est qu'il n'est pas
complètement obsédé : ce n'est donc ni violent ni malsain mais c'est
simplement son choix ;

- si vous lui faites jeter ses magazines, il ne vous remerciera pas et ne vous portera pas dans son cœur ; sans doute continuera-t-il à les feuilleter, mais à votre insu ;

- et si vous lui posez la question dans l'intention de vous faire plaisir avec lui, alors bien sûr, allez-y.

chapitre 3

Comment faire rapidement
le tour de la question

Que demandent donc les paresseuses ?

Avoir des orgasmes sans lever le petit doigt ? avoir un partenaire qui n'en a jamais assez ou au contraire qui n'en fait jamais assez ? faire l'amour n'importe où et n'importe quand ? tout cela à la fois ? ou rien de tout cela ?

La définition du plaisir varie selon les personnes : faire l'amour un peu ou pas du tout, multiplier les partenaires, gémir, crier... cela n'est pas nécessairement synonyme d'une vie sexuelle épanouie. Si vous voulez dynamiser un peu votre sexualité, voici comment vous y prendre :

L'art de la sexualité orale

Ce qu'il y a de bien avec la sexualité orale, c'est que l'un des deux partenaires n'a rien à faire, sinon se laisser vivre... Sans doute est-ce la raison principale de son succès. Les autres raisons sont :

○ c'est souvent plus intime que la pénétration ;

○ on a plus d'orgasmes ;

○ être caressée avec la langue est une sensation unique ;

○ c'est lubrique ;

○ on ne risque pas de tomber enceinte ;

○ c'est le meilleur moyen d'exciter son partenaire.

Toutefois, il y a un certain nombre de choses à apprendre car, en la matière, il y a beaucoup d'appelés mais peu d'élus. En effet, les pratiques orales ne s'improvisent pas. Si vous n'êtes pas sûre de vous, voici quelques conseils...

En avez-vous vraiment envie ?

C'est la première question à vous poser. Votre partenaire s'attend peut-être à ce que vous lui fassiez une fellation, mais vous n'en avez pas envie. Pourquoi ? Beaucoup de femmes ont peur de ne pas savoir ; d'autres se sentent un peu rebutées. Si c'est le cas, sachez qu'il n'y a pas de règle en la matière. Faites simplement ce qui vous plaît.

Son hygiène intime est-elle bonne ?

Une mauvaise hygiène intime a toutes les chances de refroidir la plus passionnée des amantes. Si vous avez des doutes sur sa propreté, n'ayez pas peur de lui en parler car c'est la principale raison pour laquelle les femmes refusent de pratiquer la fellation. Plutôt que de le vexer, usez de diplomatie et :

○ invitez-le sous la douche en guise de préliminaires ;

○ offrez-lui un jour de spa ou de remise en forme à son club de gym ;

○ proposez-lui de batifoler dans un bon bain chaud.

AVERTISSEMENT

Si vous avez des doutes sur l'hygiène intime de votre partenaire, vous avez toutes les chances d'attraper une maladie sexuellement transmissible ou une infection bactérienne. Dans ce cas, utilisez un préservatif et prenez tous les deux rendez-vous dans un service hospitalier (voir le chapitre 7).

Pas de pénétration buccale profonde

Voilà une pauvre idée de film pornographique des années 1970, et en plus ça ne marche pas. Chez tout le monde, l'arrière-gorge provoque un réflexe de vomissement.

Vous êtes inquiète

La semence est un mélange de sperme, de protéines, de glucose et de liquide. Le sperme a parfois un goût un peu bizarre : quelquefois salé, il varie en fonction de ce que votre partenaire a mangé. En dehors de cela, vous n'avez aucune inquiétude à avoir.

Le fin du fin

Le simple fait de vous imaginer en train de vous occuper de son sexe peut rendre un homme fou de désir. Pourquoi ? Parce qu'il est sûr de jouir – le pénis est très sensible, truffé de terminaisons nerveuses –, et parce qu'il trouve ça très excitant. Si vous voulez partager avec lui cette expérience et y trouver du plaisir, suivez ces quelques conseils :

1. Mettez-vous à l'aise

Il n'y a rien de pire que d'être dans une position peu commode. Votre partenaire peut être assis ou debout, et vous pouvez vous agenouiller en face de lui ; il peut être allongé sur le lit, et vous pouvez poser votre tête entre ses cuisses.

2. Ne le laissez pas tout contrôler

C'est ce dont les femmes se plaignent le plus. C'est à vous de contrôler le rythme et la profondeur, pas à lui : ne le laissez donc pas vous maintenir la tête et diriger la situation.

3. Commencez avec les mains

Prenez son pénis dans vos mains pour que votre partenaire commence à avoir une érection. Puis, avant de le mettre dans votre bouche, encerclez la base du pénis avec une main pour le guider comme vous voulez. Si nécessaire, faites-le s'allonger sur le dos afin de mieux contrôler la situation.

4. Variez

Ne faites pas que sucer, mais léchez et embrassez également. Explorez toute la longueur du pénis, de la base jusqu'au gland, en utilisant alternativement le bout ou la partie plate de la langue, afin de procurer des sensations différentes. Enroulez d'abord la langue autour du sexe de votre partenaire puis concentrez-vous sur le gland. Une attention particulière doit être apportée au frein, situé sous le gland, qui est une zone très érogène ; le mieux est de sucer doucement de bas en haut.

> « Il y a des femmes qui ont peur de faire une fellation et de masturber leur partenaire. Elles ne font qu'effleurer, et ça ne marche pas. Il faut au contraire de la détermination : voilà le secret. »
> Maxime, 24 ans.

5. Pimentez un peu la chose

Pimentez l'opération en utilisant un lubrifiant aromatisé ou de la menthe forte. Cela fait saliver, et le goût de la menthe sur vos lèvres chauffera le pénis.

6. Utilisez vos mains

Vous avez peur d'avoir mal à la mâchoire ? Utilisez vos mains. Quand vous avez le gland dans la bouche, caressez la base du pénis, ou caressez et tenez ses testicules – vérifiez qu'il aime ça. Et pour l'exciter davantage, massez-lui également le périnée – la petite zone située entre le pénis et l'anus.

7. N'oubliez pas le reste

Certes, vous êtes occupée, mais vous pouvez toucher et caresser le reste de son corps. Concentrez-vous sur les cuisses, les fesses, voire l'anus.

Pratiquer la sexualité orale, c'est comme faire l'amour avec sa bouche : il faut donc que vos mains et votre bouche se promènent partout.

8. Vous avez le choix

Quand votre partenaire va jouir, vous avez le choix ; vous n'avez pas à avaler le sperme si vous n'en avez pas envie – et vous ne serez pas une amante nulle pour autant ! Gardez près de vous quelques mouchoirs en papier, et crachez dedans s'il jouit dans votre bouche. Faites-le discrètement – ce n'est pas très sexy de voir sa partenaire se ruer vers la salle de bains. Pour éviter d'avoir à vous précipiter, soyez attentive aux signes qui indiquent que l'éjaculation est proche : juste avant de jouir – il devrait pouvoir vous prévenir –, ses hanches se rentrent un peu, son pénis gonfle et se tord, ses testicules se rétractent. Si vous ne décelez aucun signe physique, écoutez sa respiration et repérez le moment où elle s'accélère.

C'est à son tour, et vous êtes gênée

Beaucoup de femmes pratiquent une fellation sans problème mais se sentent gênées quand leur partenaire leur fait un cunnilingus.

Les sujets d'angoisse les plus courants sont :

○ « la peur que ses organes génitaux aient une odeur » ;

○ « la peur que son partenaire ne veuille pas vraiment le faire » ;

○ « la crainte de ne pas jouir » ;

○ « la peur d'avoir un sexe qui a l'air bizarre(!) ».

Heureusement, tout cela est absolument faux. Si le vagin possède une odeur naturellement musquée, elle n'est pas écœurante pour autant – si c'est le cas, sans doute avez-vous une petite infection ; vous devez donc consulter votre gynécologue (voir le chapitre 7). Sachez également que, selon les périodes du cycle menstruel, le vagin est plus ou moins bien lubrifié ; respectez simplement une bonne hygiène afin de vous assurer que ces pertes ne cachent pas un quelconque problème. En ce qui concerne l'aspect de votre vagin, pas d'inquiétude à avoir : comme les yeux, les oreilles ou le nez, les organes sexuels diffèrent d'une personne à une autre.

À signaler : le cunnilingus est la pratique sexuelle qui fait le plus jouir les femmes. Pourquoi ? Tout simplement parce que c'est une stimulation directe du clitoris.

UN CUNNILINGUS DEVRAIT COMPRENDRE :

- La stimulation du clitoris, du vagin et du périnée.
- La stimulation des seins et de l'intérieur des cuisses.
- Une attention particulière pour le clitoris.
- Un rythme régulier des mouvements de la langue.
- Un certain dirigisme de votre part ; si cela vous gêne de dire quelque chose, essayez de geindre à propos, ou bien de trouver le bon endroit en déplaçant votre corps.
- Un amant de bonne volonté.

À problèmes simples, solutions simples

1. Vous n'aimez pas le 69

Pour des raisons différentes, nombreux sont ceux qui n'aiment pas la position du 69 ; tandis que certains trouvent que c'est inconfortable, d'autres considèrent qu'il est difficile de jouir ainsi. En général, les femmes disent que donner et recevoir en même temps les perturbe et les empêche d'avoir du plaisir. Quant aux hommes, ils se plaignent de ne pas recevoir assez d'attention, car leur partenaire n'est pas vraiment à ce qu'elle fait. Sans doute en effet vaut-il mieux faire les choses les unes après les autres : vous pourrez alors donner comme vous le désirez, et recevoir sans être distraite.

2. Vous préférez le masturber

Vous préférez le masturber plutôt que de lui faire une fellation ? C'est une bonne alternative. Voici quelques conseils pour réussir :

o Ne vous saisissez pas trop fort de son pénis, et ne le tirez pas trop brutalement : c'est le reproche n° 1 que font les hommes. Si leur sexe a l'air résistant, il est hypersensible quand il est en érection.

o Afin d'éviter tout malentendu, demandez-lui qu'il vous montre ce qu'il aime. Tous les hommes ont des goûts différents, et si certains préfèrent la vivacité, d'autres aiment les mouvements légers mais rapides. Qu'il commence donc seul, puis placez vos mains sur les siennes afin de bien sentir ce qu'il fait.

o Quand vous avez atteint la bonne pression et le bon rythme, allez-y avec les deux mains, de la base du pénis jusqu'à l'extrémité du gland, en un mouvement plus appuyé en haut qu'en bas.

o Utilisez un lubrifiant ; essayez un gel ou tout simplement votre salive.

o Soyez à ce que vous faites : un air d'ennui ou des bâillements n'inciteront guère votre partenaire à jouir ; cela n'éveillera pas davantage votre propre désir.

o Dès qu'il a joui, arrêtez. À l'instar du clitoris, le gland devient alors très sensible.

3. Vous détestez qu'on s'occupe trop de votre clitoris

C'est assez courant. En effet, le clitoris disparaît parfois juste avant l'orgasme : il se rétracte et se perd dans le gonflement des petites lèvres ; les hommes s'acharnent alors à le chercher, et le clitoris devient très sensible quand les terminaisons nerveuses sont irritées – certains hommes ressentent la même chose avec leur gland. Si c'est le cas, demandez simplement à votre partenaire – ou faites-lui comprendre – d'arrêter et d'être plus doux.

4. Vous ne savez pas quoi faire avec son prépuce

Eh bien, ne faites rien ! Cependant, si vous maintenez le prépuce bien serré, cela augmentera le plaisir de votre partenaire. Le mieux est de faire, à l'extrémité du pénis, un anneau avec vos doigts – à 2-3 cm de la base –, puis de tirer vers le bas pour exposer légèrement la partie haute. Vous pouvez également sucer le pourtour du prépuce et vous concentrer sur le gland.

> « La plupart des garçons ne savent pas faire un cunnilingus.
> Ils descendent trop rapidement entre nos cuisses et donnent des coups
> de langue bien trop forts. C'est vraiment dégoûtant et agaçant.
> Est-ce qu'ils pensent qu'on doit leur être reconnaissante
> quoi qu'ils fassent à cet endroit-là ? »
> Lola, 24 ans.

5. Votre partenaire ne veut pas faire de cunnilingus

Il existe de nombreuses raisons à cela – par exemple : « C'est tout noir et je ne vois pas ce que je fais », ou « Ça fait bizarre », ou encore « Ça sent bizarre »... En réalité, les hommes évitent le cunnilingus parce qu'ils ont peur de mal faire, un point c'est tout.

Le meilleur moyen de convaincre et d'aider votre partenaire est donc de lui dire exactement quoi et comment faire. Vous réussirez à coup sûr, pour au moins deux raisons : en aucune façon, il ne pourra mal prendre votre requête ; vos instructions seront si détaillées qu'il ne pourra pas s'y tromper. Soyez aussi descriptive que possible : c'est le seul moyen pour qu'un homme sache vraiment comment s'y prendre. Précisez-lui que vous avez besoin d'un rythme régulier et d'une pression très délicate, et demandez-lui de continuer jusqu'à ce que vous jouissiez.

Acte 1 : soigner les préliminaires

Si l'acte sexuel est simple, bien faire l'amour ne l'est pas. C'est pourquoi il est essentiel d'utiliser toutes ses connaissances en la matière : il faut penser notions de base, plaisir solitaire, astuces des préliminaires, zones érogènes et pratiques orales. C'est un ensemble de choses qui vous conduira à mieux faire l'amour et peut-être même à atteindre l'orgasme. Se contenter de la pénétration, c'est faire l'amour, certes, mais ce n'est pas aussi excitant que ça pourrait l'être.

Vous voulez apprendre des astuces, des trucs rapides et pour paresseux sur les préliminaires ? Ne cherchez pas plus loin.

DE VRAIS PRÉLIMINAIRES COMPRENNENT :

- plus de 5 minutes de jeux sexuels avant la pénétration ;
- des tas de baisers et de câlins ;
- des caresses et des explorations mutuelles ;
- d'ardents mordillages et autres coups de langue ;
- des caresses sur tout le corps ;
- une attention portée à la plupart des zones érogènes (voir le chapitre 2) ;
- des pratiques orales, quelles qu'elles soient ;
- quelques paroles – pas trop, un commentaire permanent n'est pas érotique du tout ;

- l'utilisation des mains, des doigts, de la langue, des lèvres et de tout ce qui est imaginable.

Les préliminaires en six leçons

1. Doublez le temps que vous y consacrez

Si votre partenaire est du genre trop rapide, prenez les choses en main : amenez-le à se concentrer sur ce qu'il fait, et non sur où il doit aller. En général, les hommes se précipitent du début à la fin, non pas pour arriver plus vite à la pénétration mais parce que, tout simplement, ils sont nuls en matière de préliminaires, ils n'ont aucune idée de ce qu'ils doivent faire après avoir caressé vos seins...

Montrez à votre amant que les préliminaires vont bien au-delà de quelques caresses rapides et maladroites. Il faut commencer par des baisers et s'embrasser tout du long.

2. Déshabillez-vous d'une manière suggestive

Si s'arracher ses vêtements peut s'avérer torride, le laisser se battre avec votre soutien-gorge pendant 10 minutes, avoir la tête coincée sous son pull ou le sexe pris dans sa braguette, tuent le désir ! Ne soyez pas impatiente de vous déshabiller, car les vêtements sont plus érotiques qu'on ne le croit. Pour exciter votre partenaire, essayez le strip-tease : laissez-le vous regarder tandis que vous vous déshabillez doucement, ou, mieux encore, restez allongée en gardant vos sous-vêtements, et admirez son strip-tease.

3. Demandez-lui ce qu'il aime

Les hommes témoignent d'une grande déficience dans le domaine de la communication sexuelle. Et, de toute façon, si vous ne lui demandez pas ce qu'il aime, il essaiera de parvenir à ses fins par des méthodes détournées. Il faut qu'il demande, qu'il supplie et qu'il gagne ce dont il a envie : non seulement cela augmentera son désir mais cela amplifiera également la valeur érotique de vos ébats.

4. Ne vous attendez pas à ce qu'il soit extralucide

Demandez et vous recevrez : voilà le secret pour obtenir ce que vous voulez. Vous désirez que votre partenaire s'investisse davantage ? avec sa langue ? en vous embrassant ? en vous léchant ?

Dans ce cas, dites-lui ce que vous mourez d'envie qu'il vous fasse. Et si les mots vous manquent, utilisez le langage du corps pour l'émoustiller et le mettre sur la bonne voie. Dites-lui d'utiliser ses doigts, ses lèvres, sa langue et même de vous pénétrer avec les mains – cela peut vous provoquer un orgasme.

5. Ne faites pas semblant

Si quelque chose ne vous plaît pas, dites-le, sinon il vous fera subir la même chose pour le restant de vos jours. La plupart des hommes fonctionnent sur le principe du moindre effort : si vous ne lui dites pas que vous détestez qu'il vous lèche les oreilles, il continuera jusqu'à vous rendre folle.

6. Ne soyez pas empotée

Les préliminaires sont très importants, sauf quand ils sont un véritable fiasco. Une tentative de cunnilingus maladroite, une tape sur les fesses et un massage ni fait ni à faire, ce n'est pas ce qu'on appelle des préliminaires de qualité. Vous êtes à court d'idées ? Apprenez donc comment enrichir votre vie sexuelle et comment la rendre créative (voir les chapitres 2 et 6).

Acte II : perdre sa virginité

C'EST LE MOMENT DE COMPARER
....

Les Américains ont leur premier rapport sexuel en moyenne à 16 ans.

Les Allemands à 16,6 ans.

Les Français à 16,7 ans (16,2 ans pour les hommes, 17,2 ans pour les femmes). 50 % des Français ont franchi le pas à moins de 16 ans, 10 % d'entre eux à plus de 20 ans.

Les Chinois à 22 ans.
....

La virginité est l'un de ces termes que l'on emploie à tort et à travers, et sur lequel circulent idées reçues et idées fausses. Le fait d'être vierge ne renseigne aucunement sur la personne que vous êtes ; cela signifie uniquement que vous n'avez pas encore eu de rapports sexuels, c'est tout ; cela ne signifie pas non plus que vous serez une amante nulle, que vous serez frigide ou que vous serez plus douée qu'une femme qui fait l'amour depuis des années.

Voici quelques conseils pour aborder « la première fois »...

1. Ce sera peut-être plus difficile que vous ne l'imaginez

Quand on fait l'amour pour la première fois, on se heurte souvent à la dure réalité de la sexualité ; l'hymen est parfois difficile à percer. L'hymen est cette fine membrane de peau qui recouvre en partie l'entrée du vagin ; certaines femmes ont déchiré leur hymen avant toute relation sexuelle, par la pratique d'un sport violent par exemple. Dans de nombreux cas cependant, l'hymen est intact lors du premier rapport.

Si votre partenaire sent qu'il ne peut pas vous pénétrer, que quelque chose bloque, c'est dû à la résistance de l'hymen ; si vous ressentez une douleur vive et constatez un écoulement de sang, c'est que l'hymen est rompu. La meilleure façon de procéder est alors de :

○ faire l'amour dans la position du missionnaire : c'est la meilleure position pour les débutants. Votre partenaire est sur vous ; vous êtes tous les deux allongés ;

○ quand il vous pénètre pour la première fois, poussez avec vos muscles vaginaux, comme si vous uriniez ;

○ votre partenaire doit ensuite pousser doucement et s'enfoncer plus profondément, uniquement lorsque vous êtes tous les deux détendus et prêts ;

○ votre vagin va se dilater pour s'adapter à lui ; votre hymen va se déchirer pour vous permettre de faire l'amour.

2. Dites-lui que c'est la première fois

Ce n'est pas inscrit sur votre front que vous êtes vierge. Quant à la question « Va-t-il s'en apercevoir ? », si votre hymen est déjà déchiré, la réponse est « Non ». Mais pourquoi mentir ? Faire l'amour est important : pour que cela soit une bonne expérience, mieux vaut ne pas faire semblant de tout connaître sur la question.

3. Ne vous moquez pas de lui s'il est vierge

Il y a une première fois pour tout le monde. Si vous faites l'amour avec un garçon vierge, sachez que les hommes n'ont pas besoin, la première fois, d'autant de préliminaires que les femmes. Si vous passez trop de temps à l'exciter, vous le conduirez au bord de l'orgasme, il atteindra un point de non-retour et aura une éjaculation avant de faire l'amour. La meilleure façon est alors de :

○ choisir une position qui vous offre le contrôle de la situation : par exemple, sur lui – vous pourrez ainsi vous retirer s'il menace de jouir trop vite ;

○ lui montrer comment vous aimez être caressée et ce qui vous donne du plaisir.

4. Sachez que cela risque d'être douloureux

La rupture de l'hymen peut être douloureuse, mais il s'agit d'une douleur fugace. Si c'est encore douloureux quand votre partenaire est en vous, ou s'il ne parvient pas à vous pénétrer, c'est que vous avez besoin de plus de préliminaires. Suivez donc les conseils suivants :

○ ne vous focalisez pas sur la pénétration. Ne vous acharnez pas si vous n'y parvenez pas, car cela sera encore plus difficile et douloureux. Accordez plus de temps aux préliminaires, aux pratiques orales, aux baisers, et détendez-vous avant de faire une nouvelle tentative ;

○ essayez de vous relaxer. Quand on pense que quelque chose fera mal ou sera difficile, on se contracte de manière involontaire. Résultat : les muscles du vagin se resserrent et deviennent une véritable barrière. Dans ce cas, rien n'y fait, ni lubrifiant ni tentative en force.

5. Soyez synchrones

Vous savez maintenant comment vous exciter mutuellement ; vous allez ressentir du désir mais vous allez également sentir gonfler votre bas-ventre : vous êtes prête pour la pénétration. Être synchrones vous aidera dans d'autres domaines – par exemple, pour atteindre l'orgasme (voir le chapitre 4) – ; ne soyez donc pas surprise si la première fois ne s'avère pas un feu d'artifice. À l'instar du tout premier rendez-vous, faire l'amour pour la première fois peut sembler un peu bizarre et gênant, mais cela ne présume en rien de la suite des événements. Car encore une fois, plus on fait l'amour, meilleur c'est.

6. Ayez un moyen de contraception à portée de main

Contrairement aux idées reçues, on peut tomber enceinte la première fois, même si votre partenaire se retire. Prenez donc vos précautions. Par ailleurs, pour éviter d'attraper une maladie sexuellement transmissible, mieux vaut choisir une méthode contraceptive simple telle que le préservatif (voir le chapitre 7 pour plus de détails sur la contraception).

7. Ne soyez pas trop pressée

Maîtrisez les positions les plus simples avant de commencer à vous contorsionner. Votre impatience à expérimenter les positions les plus audacieuses ne vous mènera à rien si vous n'avez pas acquis les bases... Mais ce n'est pas une raison pour rester toute la nuit dans la position du missionnaire – levez-vous, penchez-vous, embrassez votre partenaire, caressez-le, reniflez-le... Quand vous serez comblée, faites une pause, puis réveillez-le pour recommencer.

> « J'ai lu quelque part que les garçons pensaient au sexe toutes les 60 secondes. Je peux vous dire que, mes amies et moi, on bat le record, sans problème. »
> Lucie, 24 ans.

8. N'espérez pas trop

Bien faire l'amour, c'est long, ça s'apprend. À chaque nouveau partenaire, il faut un peu de pratique et de temps pour que les choses se mettent en place. Ne vous énervez donc pas si vous n'atteignez pas l'orgasme, si certaines choses vous déçoivent, si ce n'est pas palpitant. Vous n'êtes pas nulle pour autant, ni encore moins frigide – un horrible mot qui ne veut rien dire. Vous avez tout simplement besoin de plus d'expérience. Dans un premier temps, oubliez la pénétration, prolongez les préliminaires et, d'une manière générale, amusez-vous ; vous pourrez ensuite faire une nouvelle tentative.

Acte III : avoir un aperçu d'ensemble

Faire l'amour, avoir des relations sexuelles, s'envoyer en l'air... la liste est longue, tout comme celle des positions. N'ayez pas peur, je ne vais pas vous recommander de vous pendre au plafond, de devenir une adepte du *Kama-sutra* ou d'aller séduire vos voisins. Je voudrais simplement souligner que l'introduction de quelques variantes dans votre manière de faire l'amour risque bien d'être la clé du succès.

POUR BIEN FAIRE L'AMOUR

Introduire de la diversité dans sa vie sexuelle, cela signifie :

- varier les préliminaires ;
- changer de position ;
- explorer par le toucher ;
- introduire un peu de fantaisie ;
- faire l'amour rapidement ;
- faire l'amour lentement ;
- lui dire ce qu'il fait bien ;
- lui montrer ce qu'il fait mal ;
- trouver des astuces pour améliorer sa technique ;
- faire l'amour en dehors de la chambre à coucher.

Le problème, c'est qu'en général, on rencontre quelqu'un, on tombe amoureux (euse), on vit des expériences sexuelles fortes, puis on s'endort un peu et on attend que ça se passe. Bientôt, faire l'amour devient une occupation pour dimanches pluvieux. Prouesses et exploits en tous genres ne sont plus que de pâles souvenirs, on s'ennuie ferme, et on ne pense plus qu'à une chose : trouver quelqu'un qui arrête de discourir pour enfin recommencer à faire l'amour.

Triste bilan. C'est comme le chemin pour aller au bureau : prenez tous les jours le même et vous avancerez en pilote automatique. De même, quand votre amoureux vous embrassera dans le cou, vous en arriverez très vite à penser à autre chose, aux courses à faire ou au ménage à finir, ou à quelqu'un d'autre.

La conclusion s'impose : que vous soyez ou non virtuose des choses de l'amour, renouvelez et élargissez sans cesse votre répertoire sexuel, ne serait-ce que par égard pour votre propre plaisir et pour celui de votre partenaire. J'ai une bonne nouvelle pour vous : c'est beaucoup plus facile que cela n'en a l'air.

Petit tour d'horizon des positions

Combien de positions connaissez-vous : trois ? trente ? trois cents ? Peu importe. Réfléchissez surtout au nombre de positions que vous pratiquez et pourquoi. Si l'on en croit les statistiques, sans doute vous contentez-vous de cinq positions favorites pour les raisons suivantes : elles fonctionnent bien, vous arrivez à les faire, vous n'êtes pas du genre contorsionniste. Tout cela est assez logique... mais peut-être aimeriez-vous savoir qu'il est possible de changer de position en bougeant juste un peu son corps, transformant quelque chose d'assez banal en une expérience sexuelle entièrement nouvelle ? Voici comment :

LA POSITION N° 1 . . . .

La position la plus pratiquée est celle du missionnaire. En Italie elle se nomme « la position angélique » ; au Moyen-Orient, elle est dite « à la manière des serpents ». Dans le monde entier et dans 75 % des cas, les couples mariés pratiquent cette position.

. . . .

1. Le missionnaire

C'est la position la plus traditionnelle et, selon les enquêtes, celle qui recueille le plus de succès. Elle n'est pas la plus excitante, nous sommes d'accord, mais, bien exécutée, elle vous donnera du plaisir en touchant les points sensibles.

Comment faire :

○ allongez-vous sur le dos, les jambes écartées ; votre partenaire se couche sur vous et vous pénètre.

Comment varier :

○ procédez comme indiqué mais gardez les jambes fermées et tendues quand il vous pénètre – vous aurez ainsi une bonne stimulation clitoridienne ;

○ changez d'angle en enroulant les jambes autour de sa taille – vous contrôlerez mieux ses poussées ;

○ placez un oreiller sous vos fesses – le dos basculé vers l'arrière favorise une pénétration plus profonde ;

○ demandez à votre partenaire de se mettre suffisamment haut afin de s'appuyer sur ses bras et ainsi ne pas vous écraser, puis de s'enfoncer doucement – du fait de sa position plus élevée, chacun de ses mouvements vous procurera une stimulation du clitoris.

C'est bon pour : le contact intime, les débutants, les hommes qui ont du mal à maintenir une érection, ceux qui ne contrôlent pas leur éjaculation.

2. La femme est au-dessus

Cette position convient bien aux femmes, car elle permet de maîtriser la situation et d'obtenir une pénétration profonde. Les hommes l'adorent aussi : ils n'ont pas à se fatiguer... Voilà un bon moyen de contrôler la profondeur de la pénétration – ce qui est utile avec un partenaire gâté par la nature. Cette position est également excellente pour un éjaculateur précoce : quand il menace de jouir trop vite, elle permet de ralentir le rythme.

Comment faire :

○ il s'allonge, les jambes légèrement écartées, vous montez sur lui, vous enfourchez ses hanches en insérant son pénis en vous.

Comment varier :

○ penchez-vous en avant pour frotter votre clitoris contre son pubis en bougeant tous les deux en rythme – orgasme garanti ;

○ penchez-vous vers sa poitrine en inclinant le bassin pour toucher votre point G ;

○ accroupissez-vous sur lui et poussez vers le bas – vous obtiendrez une pénétration très profonde ;

○ pour tirer le maximum de bénéfices de la position, ne suivez pas uniquement ses mouvements mais variez la profondeur de la pénétration en bougeant de haut en bas ;

○ enfin, essayez en lui tournant le dos ; penchez-vous vers l'avant si vous voulez une pénétration plus profonde.

C'est bon pour : les femmes qui veulent maîtriser la profondeur de la pénétration et le rythme des mouvements, les hommes paresseux qui ne veulent pas se fatiguer ; c'est excellent pour la stimulation clitoridienne pendant la pénétration.

3. En levrette

Cela signifie faire l'amour par-derrière ; on appelle cette position « levrette » car c'est ainsi que les chiens ont des rapports sexuels. Les hommes aiment bien cette position un peu grivoise qui leur permet de contrôler les mouvements et le rythme, et autorise une pénétration plus profonde. Les femmes l'aiment bien aussi, car elle sollicite le point G et permet à leur partenaire de leur toucher les seins, les fesses et le clitoris. En revanche, beaucoup trouvent que c'est parfois douloureux, quand l'extrémité du pénis s'enfonce trop loin et heurte le col de l'utérus.

Comment faire :

○ mettez-vous à genou, appuyée sur les mains, afin que votre partenaire vous pénètre par-derrière en vous tenant les hanches.

Comment varier :

○ accroupissez-vous en vous appuyant sur les coudes pour varier la profondeur de la pénétration ;

○ agenouillez-vous, le torse appuyé sur le matelas. C'est une position reposante, car vous n'avez pas à résister à ses coups de reins ;

○ celles qui se sentent prêtes à faire une expérience limite peuvent se pencher sur le lit en faisant porter tout le poids du corps sur les bras repliés ; placez un oreiller sous votre tête. Votre partenaire se tient debout, monte vos jambes à la hauteur de sa taille et vous pénètre par-derrière.

C'est bon pour : une pénétration profonde, avoir l'air de faire l'amour d'une façon grivoise, atteindre le point G.

> « Les acrobaties, c'est bien, mais il n'y a rien de mieux que de faire l'amour de façon simple et intime avec une femme que l'on désire vraiment. »
> Daniel, 25 ans.

4. Debout

Voilà une position pratique pour faire l'amour en vitesse, mais qui est moins pratique si vous avez une grande différence de taille et de poids. Cela a l'air très simple dans les films mais, en réalité, l'angle de pénétration est difficile à trouver, et il faut souvent défier les lois de la gravité – ce qui gâche le plaisir.

Comment faire :

○ soyez à la bonne hauteur pour y arriver – enroulez, par exemple, une jambe autour de sa taille.

Comment varier :

○ votre partenaire vous soulève entièrement et vous porte ;

○ si vous n'y arrivez pas, montez sur quelque chose – ce n'est pas très érotique mais c'est efficace ;

○ portez des talons hauts – c'est érotique et c'est une occasion de mettre ces chaussures qui vous font tellement mal en marchant.

C'est bon pour : les couples qui veulent expérimenter quelque chose de différent, le contact intime, l'amour à toute allure.

C'EST BON POUR LA SANTÉ

Faire l'amour est très bon pour les femmes : une étude menée à l'université américaine John Hopkins prouve que cela augmente la production d'œstrogènes.

5. Côte à côte

C'est une bonne position si vous recherchez l'intimité plutôt que les acrobaties, mais les mouvements sont plus superficiels, donc limités. En revanche, cette position présente l'avantage de permettre les jeux de mains.

Comment faire :

○ allongez-vous côte à côte et posez votre cuisse sur sa jambe pour un meilleur angle de pénétration.

Comment varier :

○ mettez-vous en position de « petites cuillers » (il se colle contre votre dos), pour une pénétration par-derrière ;

○ pour obtenir une pénétration plus profonde quand vous êtes face à face, repliez les genoux et enroulez-les autour de lui ; sinon, repliez-les vers votre taille en position de « petites cuillers ».

C'est bon pour : celles qui veulent éviter une pénétration trop profonde, le contact intime, l'amour tout doux.

6. Le coït anal

La pénétration anale n'est pas toujours très appréciée des femmes et reste encore souvent taboue. Les femmes ont peur d'avoir mal, peur d'attraper une infection et, pire que tout, elles ont peur de se souiller. Ce qui ne les empêche pas d'essayer. Selon les recherches menées par le célèbre institut américain Kinsey Institute for Research in Sex, Gender and Reproduction, 43 % des femmes environ ont déjà tenté le coït anal, tandis que moins de 30 % d'entre elles y ont pris du plaisir.

Protégez-vous en utilisant un préservatif solide et soyez sûre qu'il vous pénètre en douceur : les parois de l'anus sont en effet très fragiles et, contrairement à celles du vagin, ne sont pas souples ; elles peuvent donc facilement se déchirer.

Comment faire :

La pénétration anale est douloureuse pour les femmes, les muscles de l'anus ne sont pas faciles à assouplir car ils sont composés de deux sphincters. Pour contourner le problème, il est nécessaire de lubrifier généreusement l'endroit, d'y introduire un doigt pendant une minute puis de pousser pour détendre les sphincters et faciliter la pénétration du pénis.

L'autre astuce est de le faire dans une position qui favorise la pénétration :

o placez-vous sur le dos, un oreiller sous les hanches ; mettez vos bras sous vos cuisses et soulevez-les pour accentuer la courbure des hanches et faciliter l'accès ;

o asseyez-vous sur lui et descendez sur son pénis ;

o essayez toute position avec pénétration par l'arrière.

C'est bon pour : celles qui se sentent l'âme aventureuse.

INFORMATION . . . .

Les Français ont en moyenne 13,2 partenaires sexuels durant leur existence.

11 % des Français disent en voir eu un seul, et 5 % affirment en avoir eu plus de 50...

La moyenne mondiale est de 7,7 partenaires. Le record est détenu par les Américains, avec 14,3 partenaires.
. . . .

VINGT-CINQ FAÇONS D'AMÉLIORER VOTRE VIE SEXUELLE

1. Embrassez-le

Cela semble évident, et pourtant les femmes se plaignent souvent que les hommes oublient de les embrasser et ne s'intéressent qu'à leur sexe. Prenez donc l'initiative et retrouvez le goût des baisers profonds, vous ne le regretterez pas : diverses études scientifiques ont prouvé que s'embrasser allonge la durée de l'acte sexuel, augmente le plaisir, renforce les sentiments et accroît le désir.

2. Ne commentez pas votre vie sexuelle

Les hommes considèrent toute révélation en la matière comme une haute trahison, du type : « Oh là là !, mon partenaire a un tout petit pénis de rien du tout ! » Si vous voulez que tout continue à bien se passer, mieux vaut ne pas vanter ni commenter vos exploits sexuels.

3. Minimisez les distractions

Oubliez vos copines, ne regrettez pas de ne pas être en train de faire la fête avec elles. De plus, et contrairement aux idées reçues, évitez la prétendue musique d'ambiance et les bougies de circonstance.

4. Éteignez la télévision

La télévision est l'ennemie n° 1 de la libido : regarder la télévision au lit hypnotise, donne envie de dormir, détourne de l'amour et tue les pulsions sexuelles.

5. Apprenez à vous contrôler

Utilisez les muscles du périnée – ceux que vous utilisez notamment pour uriner. Si vous les faites travailler en les contractant puis en les relâchant vingt fois par jour, vous serez capable d'étreindre son pénis avec votre vagin.

6. Faites la chasse au point G

L'insaisissable point G ne serait pas si insaisissable si vous révéliez à votre partenaire où le dénicher. Pour le trouver, dites-lui d'insérer un doigt dans votre vagin et d'en toucher la paroi antérieure.

7. Massez-vous mutuellement

Faites allonger votre partenaire sur le ventre et montez sur lui. Ensuite, effectuez de lents mouvements de va-et-vient avec votre corps ; pour finir, glissez votre main vers l'avant de son corps.

8. Ne soyez pas brutale

Soyez douce et tendre, surtout quand vous le masturbez. Tirer sur le pénis de votre partenaire ne vous apportera aucune reconnaissance de sa part.

9. Faites-lui une fellation

Si vous avez envie de le faire, faites-le correctement : ne vous relevez pas en faisant la grimace ; ne retenez pas votre respiration ; et, jamais, au grand jamais, n'ayez l'air de lui faire une faveur exceptionnelle.

10. Allez-y doucement

Se comporter comme une assoiffée n'est pas un bon moyen pour donner (et prendre) du plaisir. Commencez par utiliser le plat de la langue plutôt que la pointe.

11. Mangez des bananes

Les bananes constituent une source de vitamines du groupe B qui aident à accroître les capacités sexuelles et le plaisir en favorisant l'afflux de sang dans les organes génitaux.

12. Chauffez-vous avec de la glace

Selon les connaisseurs, placer un cube de glace dans sa bouche pour embrasser ou avant de faire une fellation est du meilleur effet. Vous ne le supportez pas ? C'est trop froid ? Essayez alors de placer un petit glaçon dans votre vagin avant de faire l'amour.

13. Soyez prudente

Protégez-vous toujours : usez de préservatifs.

14. Ne confondez pas tout

Ne jouez pas trop avec votre corps : ne confondez pas votre vagin et votre bouche. Certains aliments, surtout ceux qui sont à base de sucre, risquent d'endommager le tissu vaginal et de provoquer des infections.

15. Attention aux boutons

Comme sur le visage, il existe des boutons qui peuvent apparaître dans la région du scrotum ; cela est souvent dû aux poils pubiens, qui sont plus bouclés et s'enroulent facilement autour du follicule – tels les poils incarnés autour du maillot. À cause de la chaleur et de l'humidité de l'aine, un follicule infecté peut se transformer en furoncle.

16. Prenez soin de lui

Un pénis en érection est fragile : usez de douceur. Si vous entendez un craquement sourd ou si votre partenaire ressent une douleur aiguë, emmenez-le aux urgences.

17. Ne dramatisez pas

Contrairement aux idées reçues, l'érection n'est pas un acte volontaire ; les causes les plus courantes de l'impuissance sont la fatigue et le stress – ce qui n'a rien d'étonnant. Selon les statistiques, un homme sur sept âgé de plus de 16 ans témoigne d'un problème d'impuissance quatre fois par an au moins.

18. Laissez-le vous attacher

C'est une pratique jouissive pour ceux qui ne peuvent pas s'empêcher de tout diriger. Mais rappelez-vous : le rôle de celui ou de celle qui est attaché(e) est de faire semblant de subir et d'être à la merci de son maître (ou de sa maîtresse). Respectez les règles du jeu.

19. Oubliez statistiques et records

Oubliez toutes les enquêtes que vous avez lues, n'écoutez pas les amies qui proclament faire l'amour des milliers de fois par semaine. La sexualité n'est pas une compétition, ce n'est pas le nombre qui compte.

20. Essayez l'étirement du scrotum

Non, ce n'est pas une position torride mais une technique pour prolonger l'acte sexuel : elle consiste à étirer en douceur l'enveloppe qui contient les testicules. En général, cet étirement prolonge l'érection, car un homme ne peut pas éjaculer tant que le scrotum ne s'est pas rétracté et collé au corps. Prenez l'enveloppe du scrotum, juste au-dessus des testicules, entre le pouce et l'index, en formant un anneau, puis tirez doucement vers le bas.

21. Posez vos limites

Si les expériences sexuelles font parfois peur, cela est également une façon d'améliorer ses relations, de se sentir plus sûre de soi et de repousser ses limites. Alors osez si vous pouvez et si vous voulez. Puis décidez si cela vous convient ou non.

22. Faites l'amour toute habillée ou à moitié nue

C'est bizarre mais vrai : une étude a montré que plus de 60 % des femmes aiment être caressées par un homme à moitié déshabillé. Et inversement.

23. Explorez

C'est incroyable mais vrai : juste sous le col de l'utérus se trouve un passage très excitable, riche en terminaisons nerveuses. On l'appelle « cul-de-sac ». Serrer les abdominaux et le périnée au moment de la pénétration permet, paraît-il, d'atteindre cet endroit.

24. Ne mentionnez jamais votre ex

Surtout quand vous êtes nus, votre partenaire et vous !

25. Et ne prenez pas le sexe trop au sérieux !

Le but, c'est avant tout de prendre du plaisir, ne l'oubliez pas...

chapitre 4

Comment découvrir les secrets
de la jouissance

Jouir à chaque fois, c'est possible ?

En théorie, toutes les femmes possèdent la capacité physique de jouir. En pratique, rares sont celles qui atteignent l'orgasme, quelles que soient les circonstances. Le problème est que la jouissance, ça ne se maîtrise pas. J'ai toutefois une bonne nouvelle pour les paresseuses : plus vous essaierez, moins ça marchera. Car pour jouir, il faut être détendue. Quand on est nerveuse, stressée et obsédée par la question, la perspective d'un orgasme s'éloigne de plus en plus.

Malgré les apparences, en ce domaine les femmes sont mieux placées que les hommes. En effet, les hommes ont sur le plan physiologique ce qu'on appelle « une période réfractaire », c'est-à-dire un moment durant lequel leur corps ne réagit pas aux stimulations extérieures, un temps de repos nécessaire avant de pouvoir jouir de nouveau ; et plus ils avancent en âge, plus ce temps de repos s'allonge. À l'opposé, en ce qui concerne les femmes, à partir du moment où elles savent comment faire, elles peuvent s'en donner à cœur joie. Quoi de mieux pour les paresseuses, puisque jouir, c'est bon pour la santé.

L'ORGASME, C'EST BON POUR LA SANTÉ

- Il soulage les tensions sexuelles.
- Il destresse.
- Il calme l'anxiété.
- Il entraîne le cœur – mieux qu'une séance de sport.
- Il rend la peau éclatante.
- Il soulage les douleurs menstruelles.
- Il augmente la longévité.
- Il combat la dépression.

N'essayez pas de battre le record mondial du nombre d'orgasmes – qui est à ce jour de 134. Commencez tout d'abord par vous donner les moyens de parvenir à la volupté. Suivez le guide, et vous ferez bientôt partie de celles qui atteignent l'orgasme à la demande...

À QUELLE FRÉQUENCE ?

75 % des Français disent faire l'amour une fois par semaine au moins.

4 % disent le faire tous les jours.

Acquérir les notions de base

Comment atteindre le septième ciel

En premier lieu, sachez qu'il y a orgasme et orgasme. Ils ne se ressemblent pas d'un jour à l'autre, ils varient en intensité, ils dépendent de votre partenaire... Ils diffèrent également beaucoup selon les femmes : c'est pourquoi vous avez sans doute entendu parler d'amies qui jouissent, comme ça, en quelques minutes, en se demandant bien ce qui leur arrive. Voilà tout le problème avec les orgasmes – il existe une telle diversité, une telle compétition, de telles rumeurs...

N'écoutez donc plus rien, fuyez tous ceux et toutes celles qui vous racontent leurs orgasmes multiples et évoquent leurs hurlements de plaisir. Ce n'est ni le but ni la question. Peu importe comment vous jouissez : l'important, ce n'est pas le niveau sonore, c'est d'atteindre un orgasme.

Étape n° 1 : la montée du désir

Détendez-vous, laissez-vous aller. C'est plus facile à dire qu'à faire, je sais bien, surtout quand on n'a qu'une seule idée en tête : jouir. Mais vous n'aurez pas d'orgasme si vous êtes tendue, si vous ne pensez qu'au résultat final au lieu de savourer l'instant présent, et si vous vous énervez quand ça ne vient pas. La clé de la réussite, ce n'est pas d'essayer de jouir à tout prix, c'est de trouver ce qui vous excite. Voici donc quelques conseils :

En ce qui concerne les stimuli physiques : pensez avant tout préliminaires, pratiques orales, baisers, caresses, stimulation clitoridienne, sans oublier les petits mots coquins murmurés à l'oreille.

En ce qui concerne les stimuli émotionnels : pensez fantasmes (reportez-vous au chapitre 2 pour plus d'idées), stimuli visuels – par exemple, son corps nu ou votre corps – et scénarios excitants. Continuez de fantasmer tout en restant attentive à ce que vous lui faites ou à ce qu'il vous fait.

BIZARRERIES ?

À Indianapolis, aux États-Unis, les pratiques sexuelles orales sont illégales, même pour les couples mariés. En Arizona, il existe une loi stipulant que plus de 6 femmes ne peuvent pas vivre sous le même toit.

LES SIGNES DU DÉSIR

- Vos seins se tendent.
- Votre clitoris gonfle.
- Votre vagin se lubrifie.
- Votre température corporelle augmente.
- Vous avez un afflux de sang dans les organes génitaux.

Étape n° 2 : au sommet du désir

Il est indispensable d'avoir une stimulation physique continue pour se maintenir à cette étape. Si la stimulation s'interrompt, vous retournez à votre point de départ, et votre partenaire n'a plus qu'à tout recommencer. Pour maintenir l'excitation, il faut qu'il garde la cadence sans marquer de temps d'arrêt – une erreur masculine fatale à l'orgasme féminin – et que vous continuiez à fantasmer. Et ce n'est vraiment pas le moment de penser à autre chose.

AU SOMMET DU DÉSIR, VOUS VOUS SENTEZ...

- très excitée ;
- à deux doigts de l'orgasme ;
- et vous ressentez un gonflement de votre vagin, qui s'est allongé et élargi.

Étape n° 3 : l'orgasme

Vous y voilà. Si rien n'a fait obstacle à ce moment-là, vous allez voguer vers la félicité et ressentir des contractions vaginales réflexes qui durent de 10 à 60 secondes environ.

OUI, VOUS JOUISSEZ

- Votre corps se cambre.
- Vous avez des contractions réflexes du vagin et de l'utérus – qui ressemblent à des pulsations.
- Les muscles du périnée se contractent.
- Votre rythme cardiaque s'accélère.
- Vos mamelons pointent et les aréoles gonflent sensiblement.
- Votre clitoris se gonfle et se rétracte un peu.
- Une légère rougeur envahit votre poitrine.

- C'est la décharge : vous sentez des contractions vaginales, périnéales et même anales.
- C'est comme si toute la tension de votre corps s'était évanouie.
- Vous exultez, vous êtes comblée, vous êtes apaisée.

Étape n° 4 : la détente

C'est le retour à la case « départ ». Mais si votre partenaire continue à vous exciter, vous pouvez atteindre de nouveau l'étape n° 2, puis jouir encore. Sinon, votre corps retrouve son état normal. La jouissance, comme beaucoup de choses dans la vie, est une question d'humeur et de façon de faire ; elle est donc différente à chaque fois.

Comment s'y retrouver

Bon, vous avez atteint l'orgasme, du moins espérons-le. C'est là que tout se complique car, en réalité, il existe plusieurs sortes d'orgasmes. Sachez que c'est une bonne chose : non seulement vous allez désormais faire de nouvelles expériences, mais vous allez avoir à votre disposition, pour gagner le nirvana, un ensemble de moyens.

L'orgasme clitoridien

C'est de loin l'orgasme le plus courant, car il est provoqué par la stimulation directe du clitoris et des zones situées autour du vagin (pour plus de détails, voir les chapitres 2 et 3).

L'orgasme clitoridien est en général le premier que l'on ressent ; il est aussi celui auquel on parvient le plus fréquemment en se masturbant seule ou avec son partenaire. Son autre qualité est d'être facile à atteindre lors d'un rapport sexuel, soit en variant les positions, soit par des stimulations.

Du fait de sa conformation, le clitoris a une vigueur incroyable ; c'est ce qu'ont souligné des études récentes, publiées par des scientifiques australiens dans le *Journal of Urology*. Le clitoris est relié à un ensemble de tissus érectiles qui s'étend sur 12 cm à l'intérieur du corps ; cette zone, ainsi que les tissus musculaires alentour, sont responsables des puissants spasmes musculaires de l'orgasme.

L'orgasme vaginal

C'est le plus insaisissable. Tandis que certaines femmes ressentent très souvent des orgasmes vaginaux, d'autres ne le connaissent même pas. L'orgasme vaginal survient quand les parois internes du vagin et/ou le point G – l'ensemble de tissus spongieux situé sur la paroi antérieure du vagin – sont excités par un rapport sexuel ou par des stimulations. Le point G, en particulier, fait de l'effet, car il gonfle quand il est excité.

DÉNICHEZ LE POINT G

- Couchez-vous sur le dos.

- Inclinez le bassin vers l'avant pour que votre vulve appuie sur l'os pelvien de votre partenaire.

- Votre point G sera ainsi directement sollicité durant la pénétration.

- Si cela ne marche pas, placez un coussin sous vos fesses pour avoir un meilleur angle.

« C'est quoi tous ces coups de boutoir des hommes ? Je voudrais bien qu'ils comprennent une bonne fois pour toutes que ce n'est pas excitant, que ça ne nous fait pas jouir, qu'on aurait même envie de faire semblant, pour en finir. » Sarah, 25 ans.

L'orgasme multiple

Selon diverses enquêtes, moins de 30 % des femmes ressentent des orgasmes multiples. Soit c'est vrai et c'est un fait, soit certaines femmes ne réalisent pas qu'elles atteignent un orgasme de ce type. Tandis que, dans les films, les amantes se tordent sous des orgasmes cataclysmiques, dans la réalité, les orgasmes multiples sont moins intenses que les autres et sont espacés de quelques secondes, voire de quelques minutes. S'il est possible d'avoir d'autres orgasmes après avoir joui une première fois, n'en faites pas une obsession pour autant. Car, après tout, ce n'est pas difficile de jouir plusieurs fois en faisant l'amour : pendant les préliminaires, pendant la pénétration, pendant un cunnilingus, etc. Si cela ne vous est jamais arrivé, ce n'est pas grave. Comme toutes choses dans la vie, c'est la qualité qui compte, et non la quantité.

L'orgasme simultané

Statistiquement, vous avez peu de chances d'atteindre le septième ciel en même temps que votre partenaire, surtout si vous avez une grande différence de taille et si vous êtes tous deux inexpérimentés. Le problème majeur est le suivant : il faut plus de temps aux femmes pour parvenir à la phase préorgasmique. En d'autres termes, vous êtes peut-être dans la même course, mais votre partenaire passera la ligne d'arrivée le premier et sabrera le champagne tandis que vous en serez encore à l'échauffement... Mais, je vous rassure : il est possible de jouir simultanément, et voici comment :

Étape n° 1 : synchronisez votre désir

Le premier conseil est donc d'arriver, ensemble, au même niveau d'excitation. Au premier effleurement, votre partenaire risque de démarrer au quart de tour. Votre but est donc de retarder, le plus longtemps possible, la pénétration et l'éjaculation.

COMMENT RETARDER L'ÉJACULATION

* Votre partenaire doit se consacrer à des préliminaires longs et raffinés sans que vous en fassiez de même. Il est prouvé qu'une femme caressée s'excite en 30 secondes. Votre partenaire n'aura donc pas à se donner du mal bien longtemps.

* Il doit privilégier les zones érogènes : les seins, les cuisses, les organes génitaux...

INFORMATION

Seulement 1 homme sur 1 250 est capable de jouir instantanément, sans aucune stimulation génitale, uniquement en se concentrant sur ses fantasmes sexuels. En ce qui concerne l'érection, les performances sont déterminées par des facteurs tels que la forme physique, la fatigue et l'âge. Cependant, quelques hommes tout à fait remarquables y parviennent en 3 secondes.

Étape n° 2 : assurez-vous qu'il reste concentré

Pour maintenir l'excitation et obtenir suffisamment de stimulations physiques, assurez-vous que votre partenaire est bien concentré sur ce qu'il fait. En cas de besoin, rappelez-vous que vous pouvez l'aider s'il se fatigue ou s'il est à court d'idées. Soyez toujours prête à intervenir. Et si, à tout moment, vous constatez une dilatation du pénis et une rétraction des testicules, c'en est fini de vos chances d'orgasme simultané. Dans ce cas, tant pis, laissez-le vous pénétrer, car c'est le signe que votre partenaire est sur le point de jouir.

S'il parvient à se retenir – dites-lui de penser, par exemple, à quelque chose de très ennuyeux –, cherchez les signes indiquant que vous allez jouir et que vous êtes prête pour l'étape suivante. Vous allez ressentir une tension musculaire dans tout votre corps et une lubrification accrue de votre vagin. Si c'est le cas, vous êtes au bord de la jouissance.

Étape n° 3 : adoptez le même rythme

Lorsque vous sentez vos muscles périnéaux se contracter – votre plancher pelvien et vos fesses se resserrent –, vous êtes prête pour la pénétration. Votre but est maintenant de marcher du même pas avec votre partenaire.

Essayez le TAC (technique de l'alignement du coït – voir plus loin) ; son pubis frottera contre votre clitoris – ce qui est encore mieux. Si vous parvenez à maintenir un rythme constant et soutenu, il y a de fortes chances pour que vous jouissiez ensemble.

Bienfaits et idées fausses

De précieux bienfaits...

○ L'orgasme rend de bonne humeur. Selon une étude menée à l'University of Virginia, la jouissance augmente la production d'œstrogènes : c'est cela qui rend plus sereine, plus heureuse.

○ Il améliore les relations entre les hommes et les femmes. Une hormone en est la cause : elle se nomme « ocytocine », joue un rôle dans la sensation d'être bien avec quelqu'un, et son niveau est cinq fois plus élevé pendant l'orgasme.

○ Il détend. Une étude publiée dans le *Journal of the American Medical Association* montre que 20 minutes de sexe procurent 2 heures de détente.

○ Il combat l'insomnie. L'orgasme favorise la production de l'hormone du sommeil. Quelque 20 à 30 minutes après avoir joui, vous êtes déjà dans les bras de Morphée.

○ Il protège le système cardiovasculaire. Jouir trois fois par semaine diminue les risques de pathologies de 50 %.

○ Enfin, c'est un excellent moyen de rester belle et en bonne santé. Avec deux orgasmes par semaine, vous éviterez les rhumes et vous renforcerez votre système immunitaire.

... et trop d'idées fausses

1. Vous pouvez jouir des heures durant

Hélas ! ou heureusement, non ! L'orgasme masculin dure 6 à 10 secondes en moyenne, l'orgasme féminin 10 à 60 secondes.

2. Il existe une seule façon de jouir

Non, il existe six types d'orgasmes féminins au moins : qu'il soit clitoridien, vaginal, provenant du point G, simultané ou imaginaire, dû aux fantasmes, chacun révèle une intensité différente.

3. Ce n'est pas la peine de faire l'amour si vous ne jouissez pas

Si c'était vrai, aucune femme ne s'embêterait à avoir des rapports sexuels avec pénétration. Il s'avère également que 30 % des femmes seulement jouissent en se masturbant.

4. Les hommes atteignent toujours l'orgasme

Absolument faux. Quand un homme est fatigué, il peut avoir une érection mais ne pas être capable ni de jouir ni d'éjaculer. L'orgasme masculin et la sensation accompagnant l'éjaculation sont deux choses rigoureusement différentes.

5. Les femmes urinent souvent en jouissant

En réalité, ce n'est pas de l'urine mais ce qu'on appelle « l'éjaculation féminine ». Selon le Kinsey Institute for Research in Sex, Gender and Reproduction, 40 % des femmes au moins éjaculent en jouissant.

8 façons de jouir quand on est paresseuse

Le TAC

Mais qu'est-ce que c'est ? La technique de l'alignement du coït, ou TAC, est la recherche du meilleur angle de pénétration dans la position du missionnaire. Nombreuses étant les femmes qui ne parviennent pas à l'orgasme par la seule pénétration, l'important est donc ici de solliciter le clitoris.

Le TAC, c'est très simple :

○ votre partenaire s'allonge sur vous, son pubis sur le vôtre. En d'autres termes, il s'allonge sur vous plus loin que d'habitude, en s'appuyant sur ses coudes afin de vous pénétrer plus haut. En faisant l'amour, son pubis va alors frotter contre votre clitoris ;

○ pour renforcer cet effet, il peut s'appuyer sur vous de tout son poids pour que vous enrouliez vos jambes autour de ses cuisses. À ne pas tenter toutefois s'il est beaucoup plus lourd que vous ;

○ ensuite, quand il pousse vers le bas, vous poussez votre pubis vers le haut ;

○ si vous faites l'amour ainsi, en vous pressant l'un contre l'autre et en rythme, c'est l'orgasme assuré.

Le point G

L'insaisissable point G doit son nom au gynécologue Ernst Gräfenberg qui, dans les années 1950, publia ses recherches sur cette zone mystérieuse située à l'intérieur du vagin ; ce point, qui allait faire couler beaucoup d'encre, prit comme nom l'initiale du médecin.

Selon les spécialistes, il est directement connecté aux zones cérébrales consacrées au plaisir. Tandis que certains spéculent encore sur l'existence de ce point G, beaucoup de femmes ont vite compris son intérêt, découvrant qu'il procurait des orgasmes profonds, longs et intenses. Si cette expérimentation vous tente, sachez tout d'abord que vous ne pourrez trouver le point G que si vous êtes excitée : car c'est à ce moment-là seulement qu'il se gonfle de sang et devient proéminent. Allez, je vous mets sur la voie : il se trouve sur la paroi antérieure du vagin, à 5 cm environ de l'ouverture.

L'orgasme du point G

La meilleure façon de stimuler son point G en faisant l'amour, c'est de pratiquer une position des plus traditionnelles, qui a déjà fait ses preuves :

○ allongez-vous sur le dos, et gardez le dos bien droit ;

○ quand votre compagnon se présente, mettez vos jambes sur ses épaules et demandez-lui, quand il vous pénètre, de vous tenir par les hanches ;

○ quand il commencera à pousser, son pénis heurtera votre point G ;

○ la première fois, peut-être ressentirez-vous l'envie d'uriner, car le point G se situe près de l'urètre ? Mais cette sensation diminuera rapidement pour faire place à l'orgasme.

La contraction des muscles pubo-coccygiens

Nous avons tous des muscles d'amour, connus sous le nom de « muscles pubo-coccygiens » – du pubis et du coccyx. Chez les femmes, ils contrôlent l'élasticité et la tonicité du vagin. C'est pourquoi il est important de les faire travailler. En tonifiant ces muscles, vous augmenterez l'intensité de vos orgasmes et vous pourrez même faire jouir votre partenaire.

Pour les fortifier, il suffit de se prêter à un petit jeu : quand vous allez aux toilettes, arrêtez le jet d'urine pendant 10 à 15 secondes, puis relâchez. Votre régularité à cet exercice sera payante : votre vie sexuelle en sera transformée.

La meilleure position pour tester ces muscles est la position au-dessus :

○ montez sur votre partenaire et chevauchez-le ;

○ répartissez bien le poids du corps sur vos deux jambes, puis montez et descendez sur son pénis en faisant de petits cercles ;

○ quand votre partenaire ne peut plus en supporter davantage, enfoncez-vous et contractez vos muscles pubo-coccygiens – d'abord tout doucement, au cas où ils seraient très toniques – afin qu'il sente bien votre étreinte ;

○ en même temps, demandez-lui de faire bon usage de ses mains, en se concentrant sur vos seins et votre clitoris, puis rejetez-vous en arrière et laissez-vous aller à jouir.

La cambrure (variante de la femme au-dessus)

○ Faites asseoir votre partenaire sur une chaise et montez sur ses genoux.

○ Arrimez vos hanches aux siennes et penchez-vous doucement vers l'arrière, en vous cambrant légèrement.

○ Le but est d'être presque couchée sur ses cuisses, la tête et les épaules au bord de ses genoux. C'est lui qui supporte tout le poids.

○ Si vous ne vous sentez pas en sécurité, placez vos bras derrière la tête pour prendre appui sur le sol.

○ Tenez-le par les hanches et projetez-vous vers lui quand il vous pénètre.

○ Si vous en voulez encore plus, cambrez bien le dos et sortez le pubis pendant la pénétration.

Le plongeon (variante de la position du missionnaire)

○ Penchez-vous doucement vers l'arrière en vous appuyant d'abord sur les mains, puis sur les coudes, pour vous retrouver entièrement allongée, à plat, les cuisses ouvertes et les jambes repliées sous vous.

○ Placez les bras au-dessus de la tête et demandez à votre partenaire de s'allonger sur vous pour vous pénétrer.

o L'astuce est de ne pas bouger pour que l'angle du plongeon vous procure une pénétration profonde et satisfaisante ; en effet, vos genoux ont surélevé votre pubis.

Contre le mur
(variante de la position debout et
de la levrette)

o Face au mur, penchez-vous afin d'être appuyée les bras tendus contre le mur.

o Vos jambes doivent être écartées et vos fesses doivent poindre.

o Demandez à votre partenaire de venir à l'arrière, d'appuyer son corps contre vos hanches et de vous prendre par-derrière.

o Cette position est très efficace quand une grande différence de taille empêche de faire l'amour debout, face à face.

À toute allure

Faire l'amour à toute vitesse est parfait pour ceux qui ne s'embarrassent pas de détails ou qui ne veulent pas perdre de temps à se déshabiller. Cette manière a mauvaise presse, bien qu'elle puisse être aussi érotique et satisfaisante qu'une longue séance – à condition, toutefois, que cela ne devienne pas la norme. L'avantage, c'est que vous pouvez le faire n'importe où ; ça change de la routine et c'est très excitant.

En cas de problème

> « Quand on faisait l'amour, mon compagnon était littéralement obsédé
> par le nombre de mes orgasmes. C'en était arrivé à un tel point
> que j'avais l'impression de vivre une compétition,
> qu'il fallait que je marque des points. Sinon, il était déçu. »
> Suzanne, 23 ans.

I. « Je n'arrive pas à jouir en faisant l'amour, mais j'y parviens en me masturbant »

Faire l'amour s'avère parfois angoissant, surtout si c'est avec un homme qui vous plaît vraiment ou avec quelqu'un que vous connaissez peu. Car l'anxiété empêche de jouir : il faut être détendue pour pouvoir s'abandonner.

Pour arriver à jouir, employez la même technique qu'en vous masturbant. Utilisez, par exemple, des stimulations manuelles, des fantasmes, des pratiques orales ou un rythme rapide/lent/régulier. Souvenez-vous : vous ressentez du plaisir quand vous êtes seule, vous pouvez donc en avoir aussi avec votre partenaire – à condition de lui montrer comment faire. Osez lui demander ce que vous voulez et ne vous focalisez pas sur le résultat. Et pour être plus courageuse, faites durer les préliminaires : vous serez moins anxieuse sur la suite des événements et vous aurez moins peur de ne pas jouir.

2. « Je ne jouis pas à chaque fois qu'on fait l'amour »

Il est rare de jouir à chaque fois. Les hommes pensent que les femmes jouissent systématiquement, parce que les hommes, eux, jouissent à chaque fois. La meilleure façon d'arriver à jouir, c'est de guider sa main vers l'endroit où vous aimez être caressée, pour qu'il continue à vous exciter, même après la pénétration. Sachez le lui faire savoir haut et fort : ce n'est pas fini parce qu'il a joui.

3. « Il est très lent à jouir »

Vous n'êtes pas la seule à avoir un homme qui ne sait rien faire d'autre que de donner des coups de reins. C'est bizarre, mais les hommes pensent que les femmes aiment ça, sans doute parce qu'ils ne comprennent pas comment fonctionne l'anatomie féminine. La zone la plus sensible est le clitoris, et le meilleur moyen de l'exciter n'est vraiment pas de s'acharner sur un vagin dénué de nerfs...

Si votre partenaire ne le comprend pas, si vous êtes à vif à force d'attendre qu'il jouisse, essayez de lui faire toucher du doigt son erreur : montrez-lui le pouvoir d'un simple attouchement du clitoris – par exemple, en posant sa main dessus. Changez également de position. Mettez-vous sur lui et contrôlez rythme et vitesse : cela l'empêchera de courir un marathon et vous pourrez le faire attendre jusqu'à ce que vous soyez prête à jouir.

4. « Il ne s'aperçoit pas que je simule »

Les femmes simulent si souvent que la plupart des hommes ne savent pas ce qu'est un orgasme féminin. De plus, sans doute faites-vous semblant au moment où il jouit. À cet instant précis, il ne remarquerait même pas que le toit s'effondre, alors comment remarquerait-il que vous ne jouissez pas ! La véritable question est : pourquoi simulez-vous ? Quelle que soit la réponse, dites-lui dès le début ce qui ne va pas, dites-lui ce qui vous excite, montrez-lui comment vous aimez être caressée, puis approuvez en geignant et en gémissant bruyamment.

5. « Je n'arrive pas à jouir du tout »

Le chemin qui mène à l'orgasme en 30 secondes est, pour beaucoup de femmes, pavé de blocages psychologiques. Le problème majeur – et cela a été prouvé scientifiquement –, c'est que la peur de ne pas jouir libère les hormones du stress. Le cerveau envoie des messages d'angoisse dans l'ensemble de l'organisme, et les chances d'atteindre l'orgasme s'évanouissent peu à peu. Essayez de vous faire jouir en vous masturbant (voir le chapitre 2) ; choisissez un endroit calme – par exemple, la salle de bains ou votre chambre fermée à clé – et regardez un film qui vous excite ou bien lisez quelque chose d'érotique. Laissez vos mains se promener le long de votre corps jusqu'à ce que vous sentiez que ça vient, puis laissez-vous aller.

6. « Il fait semblant »

Avec les préservatifs, il n'est pas toujours facile de savoir si son partenaire a joui ou non. Il s'avère que les hommes simulent également, en général quand ils sont fatigués, mais rarement parce qu'ils n'ont pas envie de vous. Si vous avez des soupçons, n'en faites pas une histoire. S'il simule, c'est sans doute qu'il est épuisé mais qu'il veut quand même vous faire plaisir.

LE PENSIEZ-VOUS ?

Plus de 9 Français sur 10 pensent au sexe une fois par jour au moins.

VINGT-CINQ FAÇONS DE JOUIR

1. Ouvrez un livre érotique

Ne croyez pas que les mots n'ont aucun pouvoir érotique. Depuis peu, le marché de l'érotisme féminin a considérablement augmenté ; les histoires pornographiques rencontrent du succès auprès des femmes. Choisissez un roman grivois : vous verrez bien l'effet qu'il a sur vous.

2. Faites du sport trois fois par semaine

L'activité physique est non seulement bénéfique pour augmenter l'énergie sexuelle et dissoudre les bourrelets, mais elle accroît l'intensité du plaisir : plus d'énergie et de vigueur, cela signifie être capable de faire l'amour plus longtemps.

3. Faites l'amour le matin

Le matin, vos hormones et vos pulsions sexuelles sont en accord avec celles de votre partenaire ; vous avez donc plus de chances de jouir que le soir.

4. Repérez les pics de votre cycle

Sachez qu'à chaque période de votre cycle menstruel correspondent des phases hormonales différentes. Même si cela varie grandement d'une femme à une autre, la période comprise entre le 7e et le 14e jour (à partir du 1er jour de vos règles) est le meilleur moment pour jouir. Quelques femmes se sentent mieux pendant la période qui précède les règles.

5. Concentrez-vous sur ce que vous faites

Arrêtez de penser à tout et à n'importe quoi – qu'il faut faire la lessive, que vous allez manquer votre série préférée... Concentrez-vous sur les réactions de votre corps : vous aurez tout de suite beaucoup plus de plaisir.

6. Faites votre gymnastique périnéale

Contractez et relâchez les muscles de votre périnée – ce sont notamment ceux avec lesquels vous urinez. C'est un excellent moyen d'augmenter l'intensité de votre plaisir comme celui de votre partenaire. En jouissant, vous aurez des contractions plus grandes et vous serez capable de le serrer plus fort pendant la pénétration.

7. Cherchez tous les points G

Tandis que votre point G se trouve sur la paroi antérieure du vagin – cherchez-le uniquement quand vous êtes excitée, sinon vous ne le trouverez pas –, celui de votre partenaire est situé sur la paroi rectale antérieure – c'est-à-dire dans son postérieur.

8. Demandez plus de cunnilingus

À cela deux raisons au moins : d'une part, il est faux que les hommes n'aiment pas ça, d'autre part, c'est l'orgasme assuré.

9. Allez-y doucement

Le secret d'une fellation, c'est d'être douce mais ferme puis de garder le rythme.

10. Améliorez vos positions

Améliorez en particulier celle du missionnaire : pour que votre clitoris soit bien stimulé, pour que vous ayez donc plus de chances d'avoir un orgasme, gardez les jambes droites et serrées pendant la pénétration.

11. Prenez le dessus

Montez sur lui : vous maîtriserez ainsi la vitesse et la profondeur de la pénétration. C'est très utile pour parvenir à l'orgasme, car vous savez à quel moment précis votre partenaire va jouir. S'il est sur le point de jouir, retirez-vous un peu ; ne recommencez que lorsqu'il est revenu au stade précédent.

12. N'écoutez pas les rumeurs

Souvenez-vous : si ça n'a pas l'air plausible, c'est que ce n'est pas plausible, surtout en ce qui concerne le plaisir.

13. Un peu d'imagination

Ayez un peu d'imagination, non seulement pour les positions mais aussi pour les lieux, les vêtements et les fantasmes.

14. Affirmez vos goûts

C'est incroyable mais vrai : plus de 80 % des hommes disent qu'ils aiment faire l'amour avec une femme qui sait ce qu'elle veut. Ne vous en privez pas : vous l'exciterez tout en obtenant ce que vous désirez.

15. Le plus est l'ennemi du bien

Dites à votre partenaire que faire l'amour dans la même position est ennuyeux, douloureux et que ça ne fait pas jouir. Soyez très franche avec lui avant que la routine vienne tout gâcher.

16. Donnez-vous du temps

Si vous le faites durer plus longtemps, vous parviendrez plus facilement à l'orgasme. Pour y parvenir, il faut qu'il vous caresse mais que, à l'opposé, vous évitiez de le toucher le plus longtemps possible.

17. Vos points faibles ne doivent pas vous tracasser

Contrairement aux idées reçues, pour un homme, un corps parfait n'est pas le comble de l'érotisme. Et vous ne jouirez jamais si vous passez votre temps à rentrer le ventre !

18. Laissez-vous aller

Détendez-vous. C'est plus facile à dire qu'à faire, mais c'est pourtant l'essentiel.

19. N'en faites pas une obsession

C'est paradoxal, mais essayer à tout prix d'atteindre l'orgasme est le meilleur moyen pour ne pas l'atteindre.

20. Riez

Oui, riez, pour vous détendre et parvenir à jouir.

21. Caressez-vous

Les mains de votre partenaire ne peuvent être partout : quand il s'occupe de vos seins ou caresse votre dos, mettez vos mains au bon endroit et faites ce que vous avez à faire.

22. Regardez un film érotique

Vous pensez que les stimulants visuels ne vous excitent pas ? Oubliez le pornographique et regardez une scène érotique avec votre acteur favori. Arrêtez le film, et imaginez que vous en êtes l'héroïne : vous jouirez plus vite que vous ne le pensez.

23. Essayez le sexe tantrique

Pratiquez le sexe tantrique – deux heures de préliminaires puis une pénétration immobile. Au lieu d'un orgasme génital, c'est un orgasme de l'ensemble du corps que vous atteindrez.

24. Entraînez-vous et... simulez

Simuler n'est pas la chose à faire, nous l'avons vu. Pourtant, selon une théorie née aux États-Unis, simuler un orgasme, c'est-à-dire haleter et contracter ses muscles vaginaux, peut en entraîner un. Essayez ?

25. Et n'oubliez pas les massages

Les massages mutuels sont un classique, mais un classique qui marche, surtout si vous utilisez une huile et si vous faites preuve de sensualité.

chapitre 5

Comment régler les problèmes
quoi qu'il arrive

Comment continuer à s'épanouir ?

Nous voici au chapitre 5, vous êtes donc déjà assez avancée : vous avez fait l'amour, vous avez joui, vous avez caressé, embrassé, passé au peigne fin le corps de votre partenaire. Peut-être avez-vous même atteint trois orgasmes à la suite, avez-vous eu un orgasme simultané, et sans doute en avez-vous redemandé ?... Si c'est le cas, bravo ! Je ne voudrais donc pas jouer les rabat-joie mais vous rappeler simplement que les relations sexuelles les plus passionnées peuvent parfois présenter quelques ratés. C'est pourquoi il est essentiel de se poser les bonnes questions sur sa sexualité et de savoir y répondre : voilà la condition nécessaire pour continuer à s'épanouir.

Quatre bonnes questions à se poser

1. « Cette position me convient-elle ? »

Pourquoi se poser cette question : tandis que certaines positions sont plus favorables à l'orgasme, d'autres sont plus intimes, et d'autres sont encore plus extravagantes et grivoises que vous ne l'imaginez. Et puis, hélas ! il y a les positions bêtes et méchantes, les positions très douloureuses, et toutes celles qui n'apportent vraiment rien, ni à lui ni à vous.

D'une manière générale, testez autant que possible les différentes positions avant de trouver celle(s) qui correspond(ent) à la fois à vos tailles et à vos goûts respectifs.

○ Si c'est douloureux, abandonnez cette position.

○ Si cela vous gêne, sur un plan à la fois physique et psychique, ne vous forcez surtout pas.

○ Enfin, si cela fait ressortir votre ventre, vous pouvez toujours éteindre la lumière...

2. « Ai-je vraiment envie de le faire ? »

Pourquoi se poser cette question : si nous aimons toutes nous faire passer pour des bombes sexuelles, cela peut nous mener à l'étrange, au merveilleux et à l'éblouissement, mais cela peut aussi conduire à des ennuis potentiels et à d'éventuels regrets. Avant d'entreprendre quoi que ce soit, posez-vous la bonne question (ci-dessus) et répondez honnêtement.

Voici ce qui demande réflexion :

○ Faire l'amour au bureau. Regardez la vérité en face : il y a de fortes chances pour que vous vous fassiez repérer.

○ Faire l'amour dans un lieu public. Attention, c'est encore considéré comme une atteinte aux bonnes mœurs ; des enfants ou d'autres personnes peuvent en effet vous voir.

○ Faire l'amour dans un endroit dangereux. Rappelez-vous : si l'amour doit être excitant, il ne doit pas pour autant constituer un véritable danger, éventuellement mortel.

○ Avoir trop mal en faisant l'amour. Cela inclut les relations sadomasochistes, le sexe anal, toutes sortes de jeux de rôles bizarres et toutes pratiques douloureuses que vous ne pourrez pas supporter.

○ Avoir des regrets. C'est regretter d'avoir fait certaines choses – par exemple, une partie à trois avec votre meilleure amie, une séance de photographies ou de cinéma plus que déshabillée.

o Faire l'amour avec son patron ou un homme marié. Faut-il vraiment en arriver-là ?

3. « Est-ce que je fais ce qu'il faut ? »

Pourquoi se poser cette question : d'après une enquête américaine menée récemment sur la sexualité, plus de 80 % des femmes sont incapables de dire si leur compagnon aime ou non faire l'amour avec elles. Voici donc quelques astuces pour faire le point : si vous avez les mains et le cerveau engourdis, il est grand temps d'arrêter ce que vous êtes en train de faire et de vérifier si votre partenaire ne s'est pas endormi ; mieux vaut également arrêter s'il semble gémir de douleur plutôt que de plaisir ; et mieux vaut suivre le courant quand, avec insistance, il guide votre main vers une certaine direction, car sans doute essaie-t-il de vous faire comprendre quelque chose.

Vous sentez-vous un peu ou très concernée par ce qui précède ? Si oui, il est urgent de lui demander ce qu'il aime : vous améliorerez votre sexualité et votre relation, et vous aurez davantage confiance en vous-même comme en votre capacité à l'exciter pleinement.

LES SIGNES QUI NE TROMPENT PAS

Votre partenaire est-il satisfait ? S'il est du genre plutôt silencieux, il montre toutefois des signes qui sont à décrypter :

• il émet certains gémissements, certains grognements, certains cris ;

• il a les pupilles dilatées ;

• il présente une certaine rougeur sur les fesses et les organes génitaux.

4. « Est-ce que je lui fais peur ? »

Pourquoi se poser cette question : si vous faites l'amour avec lui pour la première fois et si vous avez déjà atteint les limites de la perversion, alors la réponse est « oui », sans doute lui faites-vous très peur. Même si, en général, les hommes aiment faire l'amour de manière assez sauvage, nombreux sont également ceux qui vivent dans la crainte que leur partenaire soit trop directe, surtout quand elle est nue.

Voici ce qui peut vous mettre la puce à l'oreille :

○ votre partenaire évite à tout prix de faire l'amour avec vous ;

○ il a l'air effrayé dès que vous entrez dans la chambre ;

○ il vous suggère timidement de faire l'amour « normalement » ce soir.

Si vous voulez vraiment vous défouler, il existe des moyens plus doux de le faire (voir le chapitre 6). Commencez par des pratiques assez « raisonnables » : par exemple, l'amour les yeux bandés, essayez un brin de sadomasochisme ou inventez un gentil jeu de rôle. Quand vous sentez que votre partenaire s'enhardit, introduisez d'autres éléments, mais procédez étape par étape afin de ne pas l'effaroucher. Si un peu de piment améliore les relations sexuelles, cela dépend d'une condition : se mettre d'accord sur les principes de base.

○ Au début, décidez toujours ensemble jusqu'où vous voulez aller.

○ Choisissez une phrase ou un mot clé que vous utiliserez quand l'un ou l'autre souhaitera arrêter.

○ Ne le forcez pas quand il dit « non ».

Quatre mauvaises questions à ne pas lui poser

« Je n'ai pas un sexe très gros, et certaines femmes s'en moquent avec méchanceté. J'ai même connu une femme qui répétait sans arrêt qu'elle ne sentait rien du tout et que, avec un sexe aussi petit, on devrait consulter un médecin. Ce genre de réaction m'a vraiment inhibé pendant longtemps. »
Pierre, 24 ans.

1. « Est-ce que je fais mieux l'amour que ton ex ? »

Si vous avez déjà eu envie de lui poser cette question, c'est que vous savez que vous n'allez pas croire à sa réponse... C'est vrai que nous avons toutes des doutes à ce sujet, *a fortiori* quand l'ex-compagne de votre partenaire possède un corps de star. Mais ce n'est pas parce qu'il vous jurera que vous faites mieux l'amour que vous vous sentirez mieux. Si vous n'arrivez pas à comprendre pourquoi il est avec vous, et non avec elle, vous avez besoin d'améliorer votre estime de vous-même, et non de mendier quelques compliments.

2. « C'est déjà fini ? »

Si votre jouissance a été laissée pour compte, il existe d'autres façons d'obtenir satisfaction que d'humilier votre partenaire par cette question. Commencez donc par lui montrer la voie – au sens propre du terme – et, quand il touche au but, émettez des gémissements appropriés. Quelques « Oh !... » bruyants et quelques « Oui !... » inspirés sont en général assez parlants, même pour l'homme le plus sourd.

3. « Tu es déjà en moi ? »

Nous savons toutes que les hommes sont très susceptibles en ce qui concerne la taille de leur sexe. Si votre partenaire n'a pas été gâté par la nature, n'en rajoutez pas, ce n'est pas la peine de le culpabiliser. Et si vous n'arrivez pas à résister à la tentation, pensez un peu à ce que vous diriez s'il regardait dans votre soutien-gorge en marmonnant : « Mmm... c'est tout ? »

Vous ne parvenez pas à ressentir du plaisir ? Trouvez d'autres façons d'améliorer vos relations sexuelles, pratiquez davantage de stimulations orales, accordez plus de temps aux préliminaires et essayez des positions différentes telles que la pénétration par-derrière qui, dans ce cas-là, peut s'avérer utile.

4. « Peux-tu deviner si je simule ? »

C'est peut-être pour rire, mais ce que votre partenaire va retenir, c'est que vous avez déjà simulé, que vous simulerez dans l'avenir et qu'il est tellement nul qu'il ne vous reste plus qu'à faire semblant ! Si vous avez envie de le décourager, vous êtes sur la bonne voie. Si c'est juste une plaisanterie, abstenez-vous, ce n'est pas drôle.

Qu'est-ce qui gêne les femmes ?

La sexualité vous inquiète, vous angoisse, vous stresse ? À n'en pas douter, vous vous débattez avec un problème courant, très facile à résoudre. Lisez donc ce qui suit, et vous trouverez le moyen de bien faire l'amour – » à la paresseuse ».

1. « Quand je fais l'amour, je ne suis pas assez lubrifiée »

Tandis que certaines femmes sont littéralement inondées, d'autres ont toujours besoin d'un peu d'aide. Cela n'a rien à voir avec la bonne santé de votre libido, c'est tout simplement la façon dont fonctionne votre corps. Pour vous faciliter la vie et pour vous éviter d'avoir mal pendant les rapports sexuels, il vous suffit d'opter par un gel lubrifiant. Peu coûteux, inodores, les gels ont par ailleurs une base aqueuse qui ne gêne en rien l'emploi d'un préservatif. Pensez également à faire l'amour plus lentement, accordez plus d'importance aux préliminaires et passez à la pénétration seulement quand vous serez suffisamment lubrifiée.

Solution de paresseuse : utiliser un gel lubrifiant, accorder plus d'importance aux préliminaires.

ET SI VOUS FAISIEZ UN MASSAGE

Vous pensez que les massages sont ineptes, dépassés, inefficaces ? Révisez vos classiques. De nouvelles études scientifiques ont démontré que masser, embrasser, toucher et caresser une zone érogène constitue le meilleur moyen d'avoir du plaisir. Il semblerait qu'une simple caresse envoie des messages sexuels vers le cerveau à une vitesse de 260 km/h. À ce rythme-là, vous excitez votre partenaire et vous vous consumez de désir en un peu plus de 3 minutes.

2. « Mon vagin émet des bruits gênants »

Faire l'amour est parfois très gênant, et expulser bruyamment de l'air quand on fait l'amour est sans doute ce qu'il y a de pire. Plus qu'embarrassants, ces bruits de vents proviennent du fait que de l'air pénètre quand votre partenaire vous pénètre... et cet air doit bien ressortir à un moment ou à un autre. Certaines positions – la levrette, les jambes sur les épaules... – favorisent ce genre de choses.

Une manière de résoudre en partie ce problème est de changer de position. La position la moins « bruyante » est sans doute celle du missionnaire ; mais comme vous n'allez pas passer votre vie à faire l'amour ainsi, le mieux reste de prendre les choses avec humour.

Solution de paresseuse : en rire.

3. « Mon partenaire s'ennuie »

Votre homme a-t-il besoin de faire l'amour deux fois par nuit ? La moindre allusion à toute nouvelle expérience le refroidit-elle immédiatement ? Je vais peut-être vous paraître simpliste mais, en l'occurrence, mieux vaut lui parler franchement. Bien faire l'amour est possible à une condition au moins : quand les deux partenaires se guident par des mots et des actes, et font des expériences ensemble. Pourquoi ne vous exprimez-vous pas clairement ? Avez-vous peur qu'il vous trouve obsédée, perverse, bizarre ? Si c'est le cas, tentez quelque chose de nouveau mais de simple : par exemple, sautez sur lui, chuchotez-lui quelques paroles grivoises ou passez à la vitesse supérieure.

Solution de paresseuse : se lancer dans la nouveauté.

4. « Nous n'avons pas envie en même temps »

Il ne démarre pas au quart de tour chaque soir ? Apprenez donc que la disponibilité totale et immédiate d'un homme est une idée fausse. La libido a ses hauts et ses bas, celle des hommes comme celle des femmes. Arrêtez de penser que vous êtes la cause de son manque d'intérêt. Le manque de désir est parfois dû à la fatigue, au stress de la vie professionnelle, à l'alcool... En ce qui concerne le plaisir, vous devez tous deux faire des compromis : vous pouvez très bien jouir en faisant l'amour sans pénétration, seulement avec des pratiques orales et des préliminaires. Vous serez satisfaite, et il pourra s'endormir de bonne heure.

Solution de paresseuse : faire des compromis.

5. « Je n'aime pas mon corps »

Comme la plupart d'entre nous, sans doute n'aimez-vous pas certaines parties de votre corps ; ce n'est pas la peine d'en faire une obsession. Tout le monde – et même les hommes – a peur de ne pas avoir un corps assez beau, de ne pas être suffisamment expert, de ne pas avoir ceci assez gros, cela assez petit, ceci assez ferme... Cette attitude est dangereuse, car si vous ne vous acceptez pas telle que vous êtes, vous ne croirez jamais qu'un homme puisse vous trouver séduisante et désirable. Pensez avant tout à vos points positifs – oui, croyez-moi, nous en avons toutes au moins un. Pensez également à ce que vous faites subir à votre partenaire ; personne n'aime devoir rassurer l'autre en permanence. C'est blessant, pour ne pas dire épuisant.

Solution de paresseuse : arrêter de se regarder en permanence.

> « J'ai connu une femme qui rentrait tout le temps le ventre quand on faisait l'amour et qui refusait de monter sur moi car je risquais alors de voir son double menton... Ce type d'attitude est tout sauf érotique. »
> Philippe, 26 ans.

6. « Je m'ennuie à faire l'amour avec la même personne »

Si beaucoup de femmes se plaignent de leur ennui, rares sont celles qui cherchent vraiment une solution. En réalité, il existe de nombreuses façons de rendre la sexualité intéressante, mais encore faut-il que les deux partenaires fassent ensemble de nouvelles expériences, sans attendre que l'autre prenne l'initiative. Vous n'êtes pas sûre d'y parvenir ? Sachez que toute initiative améliore les rapports sexuels, procure plus de plaisir et de confiance en soi, et favorise des relations plus stables.

Solution de paresseuse : essayer avec plus de conviction.

7. « Je suis trop large pour lui »

Le vagin de certaines femmes est plus grand que celui d'autres femmes, de même que certains hommes ont un sexe plus gros que leurs amis, tout simplement. Si vous pensez être trop large pour recevoir son pénis, voici quelques conseils pour avoir plus de plaisir :

○ Faites vos exercices périnéaux tous les jours. Ces exercices renforcent les muscles du périnée – ceux qui se contractent pendant l'orgasme et qui donnent l'impression de ressentir des pulsations. Avec des muscles bien entraînés, vous pourrez serrer n'importe quoi.

○ La première étape consiste à repérer votre périnée : arrêtez, par exemple, d'uriner en plein jet, retenez-vous en comptant jusqu'à 5, puis relâchez.

○ La seconde étape consiste à contracter et à relâcher vingt-cinq fois de suite, sans marquer de temps d'arrêt. Faites-le deux fois par jour. Commencez doucement puis accélérez afin de contracter le plus vite possible. Enfin, faites cinquante contractions en comptant jusqu'à 3 entre chaque contraction.

○ Quand vous faites l'amour, trouvez une position qui resserre votre vagin. Il est plus facile d'y parvenir avec la pénétration arrière ou bien en surélevant le bassin lors de la pénétration. Vous pouvez aussi garder les jambes fermées : vous aurez de meilleures sensations, car votre vagin sera plus serré, donc plus étroit.

○ Enfin, montez sur votre partenaire et penchez-vous vers l'arrière. De cette façon, lors de la pénétration, votre vagin sera en position oblique et vous aurez l'impression d'être plus étroite ; par ailleurs, les points de contact seront plus nombreux – ce qui augmentera vos chances d'atteindre un orgasme.

Solution de paresseuse : entraîner son périnée.

8. « Je suis trop étroite »

Si vous avez ce sentiment, voici quelques conseils pour y remédier :

○ Choisissez une position qui rend la pénétration moins profonde – par exemple, celle du missionnaire ou la position au-dessus – ; évitez la levrette. Vous contrôlerez ainsi plus facilement la profondeur et la vitesse de pénétration.

○ Assurez-vous d'être bien lubrifiée. Souvent, l'étroitesse correspond en réalité à un manque de lubrification. Utilisez donc un gel lubrifiant, qui facilite la pénétration et la rend entièrement indolore.

○ N'allez pas trop vite – vous devez tout d'abord vous élargir et vous lubrifier. Avant de passer à la pénétration, attendez de sentir un gonflement de vos organes génitaux.

○ Oubliez l'amour à la va-vite. Laissez monter votre désir ; les préliminaires donneront le temps à votre vagin de s'agrandir pour recevoir le pénis.

○ Facilitez la pénétration en pliant les genoux et en écartant les jambes. Essayez aussi de basculer le coccyx ; l'angle de pénétration sera meilleur et vos muscles vaginaux se détendront mieux.

○ Une dernière chose : pour ne pas anticiper la douleur et contracter vos muscles vaginaux, demandez à votre partenaire d'aller doucement. Dites-lui de vous pénétrer un peu, puis de se retirer, jusqu'à ce que vous soyez prête pour une pénétration complète.

Solution de paresseuse : changer de position.

Les quatre problèmes des hommes (et ce que vous pouvez faire pour les régler)

Oui, je sais, ce sont avant tout les problèmes de votre partenaire. Mais ils risquent de devenir bientôt les vôtres si vous ne prenez pas les choses en main. De même que les inquiétudes féminines, les tracas masculins peuvent être facilement combattus.

1. Il n'a pas d'érection

C'est plus fréquent que vous ne le pensez, et cela n'a rien à voir avec vous. Avant de l'envoyer chez le médecin, étudiez son mode de vie :

○ Si votre partenaire pratique peu d'exercices physiques, s'il se nourrit de pizzas, abuse de bières et de cigarettes, il a peu de chances d'avoir une érection facile. Des facteurs tels que le stress jouent également un rôle majeur dans les pannes d'érection. En cas de problème récurrent, le stress est le plus souvent à incriminer : la pression des examens, le chômage, les problèmes familiaux et professionnels affectent les capacités sexuelles. Si c'est la cause de son impuissance, votre partenaire doit réduire son niveau de stress.

○ 97 % des hommes témoignent d'une panne d'érection par an – et souvent plus. Le grand coupable est l'alcool. Si votre partenaire a bu toute la nuit, ses chances d'avoir une érection, et de la maintenir, sont presque nulles.

○ L'épuisement constitue également un facteur d'impuissance. Contrairement aux femmes, les hommes ont besoin de beaucoup d'énergie pour faire affluer le sang dans leur pénis. Ne le forcez donc pas s'il est fatigué, attendez plutôt le lendemain matin : il sera frais et dispos, et sa testostérone sera au beau fixe.

○ Soyez observatrice : regardez si, à son réveil, votre compagnon a une érection ou s'il est capable d'avoir une érection en se masturbant. Si c'est le cas, son problème n'est pas médical mais psychologique.

2. Il jouit trop vite

L'éjaculation précoce – c'est-à-dire jouir trop vite – est assez courante chez les hommes jeunes. Elle concerne avant tout ceux qui n'ont pas appris à se contrôler, qui ne savent pas prolonger le moment précédant l'orgasme. C'est souvent la suite logique d'une façon de se masturber – en général trop vite. Voici comment l'aider à résoudre son problème :

○ Essayez la technique du départ arrêté : commencez à faire l'amour puis arrêtez-vous ; quand vous sentez que votre partenaire est sur le point de jouir, demandez-lui de se retirer. Arrêtez toute stimulation jusqu'à ce qu'il n'ait plus d'érection, et répétez l'opération trois fois avant de l'autoriser à éjaculer. Selon les sexothérapeutes, pratiquée régulièrement, cette technique est efficace à 90 %.

○ Expérimentez une autre technique, celle de la compression : avant l'éjaculation, pressez juste sous le gland, 4 secondes au moins, du bout des doigts.

○ En ce qui concerne le plaisir et en attendant qu'il soit au point, il faut que votre partenaire vous fasse jouir en premier – ainsi ne serez-vous pas frustrée.

○ Suggérez-lui la technique de diversion : quand il est sur le point de jouir, demandez-lui de penser à sa grand-mère, ou bien de garder les yeux fermés, afin de ne pas être distrait par votre corps nu.

○ En dernier lieu, restez allongés, sans bouger, pendant un moment. Ce n'est peut-être pas drôle, mais le simple fait de rester ainsi, calmement, au lieu de se lancer dans l'action constitue un excellent moyen de retarder l'éjaculation. En attendant que votre partenaire apprenne à se contrôler, vos rapports sexuels dureront un peu plus longtemps.

3. Son sexe est trop petit

Si la taille est importante, c'est rarement dans le sens où les hommes l'entendent. C'est la largeur, plutôt que la longueur, qui fait la différence, car toutes les terminaisons nerveuses du vagin se trouvent à l'avant : le plaisir est donc immédiat quand cette zone est étirée ou pressée. Si le pénis est trop étroit ou trop petit, une grande partie de ce plaisir se voit perdue, en particulier pendant la pénétration. Toutefois, vous pouvez améliorer la situation par quelques manœuvres :

○ Placez un oreiller sous vos hanches afin de basculer le bassin et afin de stimuler votre point G, situé sur la paroi antérieure du vagin.

○ Contractez les muscles du périnée – ceux que vous utilisez notamment pour uriner. Vous pourrez ainsi mieux recevoir le pénis et avoir davantage de plaisir.

○ Si rien de ce qui précède n'a été efficace, asseyez-vous sur votre partenaire. Non seulement ce chevauchement vous fera contrôler les opérations, mais il vous permettra également de vous ajuster pour trouver le meilleur angle de pénétration.

> « La taille compte beaucoup pour les femmes. Un jour, quand un homme que j'ai connu a commencé à se déshabiller, j'ai failli m'évanouir tellement son sexe était large. J'ai dû trouver toutes les excuses possibles pour éviter la pénétration. Rien que l'idée qu'il s'approche de moi me donnait les larmes aux yeux. »
> Annie, 22 ans.

4. Son sexe est trop gros

Si votre partenaire est bien membré, les positions favorisant une pénétration profonde ne sont pas pour vous. Car, au-dessus et en arrière, le pénis va heurter le col de l'utérus : ce qui est douloureux – cette zone est en effet très innervée. Le mieux est de faire l'amour dans les positions les plus confortables pour vous.

○ Excepté la position du missionnaire, essayez la position côte à côte, où la pénétration est moins profonde. Essayez aussi une variante de la position où la femme est au-dessus.

○ Quand vous êtes au-dessus, cherchez à contrôler entièrement la profondeur de la pénétration : plutôt que de vous guider en vous tenant par les hanches, demandez à votre partenaire de s'allonger. Enfoncez-vous doucement et soulevez-vous dès que vous aurez mal.

○ Trouvez la bonne position, celle qui vous procure du plaisir et non de la douleur. Cette dernière doit s'atténuer et devenir diffuse. Si elle reste constante, faites-vous examiner par un médecin pour vérifier que vous n'avez pas d'infection vaginale (voir le chapitre 7).

○ Si votre partenaire n'arrive pas à vous pénétrer, il ne doit pas forcer – vous vous contracteriez davantage. Demandez-lui plutôt de se retirer et de continuer les préliminaires. Quand la largeur pose problème, il faut laisser le temps au vagin de se dilater et de s'allonger, puis attendre qu'il gonfle : c'est le signe que vous êtes prête pour la pénétration.

L'amour après l'amour

Que faites-vous après l'amour ? Vous vous embrassez ? Vous vous câlinez ? Vous parlez pendant des heures ? Ou vous lui donnez un coup de coude dans les côtes dès qu'il commence à ronfler ? La dernière alternative est, hélas ! assez courante. Car l'« après » intéresse rarement les hommes. Cela est dû en partie à l'action de leur hormone du sommeil, qui agit presque tout de suite après l'éjaculation, tandis que la nôtre met 20 minutes à se mettre en action. Rien d'étonnant à ce que nous ayons alors le temps de nous interroger sur le sens de l'existence. Quoi qu'il en soit, si l'« après » n'est pas à la hauteur du « pendant », rien n'y fera. Il est donc inutile de vous lancer dans de longs commentaires sur ce qui vient d'arriver, de parler de vos expériences passées et malheureuses, ou d'évoquer le prochain dîner chez vos parents.

NE VOUS INQUIÉTEZ PAS SI...

- Il est incapable de recommencer – cela arrive à tout le monde.
- Il a envie de dormir – voir le paragraphe ci-dessus.
- Il propose de commander une pizza – faire l'amour donne faim.
- C'est mouillé – à condition de ne pas avoir à dormir dessus à chaque fois.
- Vous avez fait quelque chose de travers – s'il ne dit rien, c'est qu'il s'en moque.
- Vous commencez à penser à votre acteur préféré – on en passe toutes plus ou moins par là.

Quelques sujets d'inquiétude

1. Il s'endort avant que vous ayez joui

Voilà la réaction typique d'un amant égoïste. S'il ne se rend pas compte ou s'il ne se demande même pas si vous avez joui : pas de doute, il faut agir. Soit vous le réveillez pour qu'il continue sa besogne, soit vous abordez le sujet le lendemain matin. En général, les hommes aiment à penser qu'ils font jouir une femme – c'est donc honteux de ne même pas essayer. Quoi qu'il en soit, ne gardez aucune rancœur en vous, et ne vous masturbez pas, frustrée, sans lui faire de remarque.

2. Vous ne retrouvez pas le préservatif

Sans doute cela signifie-t-il qu'il est encore à l'intérieur, et son sperme aussi par conséquent. Pensez tout de suite à la pilule du lendemain (voir le chapitre 7). En se retirant, votre partenaire doit toujours tenir l'extrémité du préservatif, sinon il risque de glisser à l'intérieur.

3. Une fois encore, il se trompe de prénom

Cela n'est pas du meilleur effet, je vous l'accorde, mais ce n'est pas non plus la fin du monde. À condition que cela n'arrive pas plus d'une fois. Si votre partenaire prononce souvent – et toujours – le même prénom, deux diagnostics s'imposent : soit il est vraiment idiot et parvient seulement à se concentrer sur son propre plaisir, soit il fantasme sur une autre femme. Dans l'un ou l'autre cas, il faut agir. Prenez vos distances, donnez-lui un coup de pied dans les côtes ou hurlez le prénom d'un autre homme. Puéril mais efficace.

QUAND LA TECHNOLOGIE REMPLACE LE SEXE...

D'après une étude récente, les Australiens préfèrent la technologie au sexe. L'obsession du téléphone portable, du fax-répondeur et de l'ordinateur provoquerait une baisse de la libido.

Mais que se passe-t-il ?

Des choses peu rassurantes surviennent parfois après l'amour :

○ Des maux de tête. C'est très courant. En effet, l'orgasme a une incidence sur le système nerveux et provoque une tension des muscles du cou. Soulagez votre mal de tête en appliquant une compresse froide sur le front ou demandez à votre partenaire de vous masser doucement la nuque et les épaules.

○ Des crampes. Pendant l'orgasme, elles sont provoquées par les contractions des muscles utérins. Plus l'orgasme est intense, plus les crampes sont fortes. Parfois, elles ressemblent à des crampes menstruelles et donnent la nausée. Tout devrait redevenir normal. Sinon, prenez un antalgique.

○ Des douleurs. Si vous vous tordez de douleur, c'est que vous avez un gros problème médical : un fibrome ou de l'endométriose, par exemple. Allez consulter le plus vite possible.

○ De l'insomnie. Après une séance passionnée, c'est normal. C'est comme si vous aviez couru pendant 30 minutes sur un tapis de marche et que vous espériez vous endormir dans l'instant. Vous êtes en grande ventilation, vous avez besoin de retrouver votre calme. Le mieux est de vous lever, de regarder un peu la télévision, de boire quelque chose de chaud, de vous détendre jusqu'à trouver le sommeil.

Les lendemains qui chantent, et qui déchantent

Le lendemain matin est une mine de dangers potentiels : de la honte, des maladresses et des prouesses risquées, tout revient. Surtout si vous ne respectez pas quelques règles de bienséance.

HUIT FAÇONS D'ÊTRE SÛRE DE LE REVOIR

1. Faites de l'humour à propos de la nuit précédente. Bien sûr, riez des bonnes choses au bon moment.

2. Dites-lui que c'était très bien.

3. Donnez-lui un délai pour un autre rendez-vous.

4. Soyez gentille et agréable, même si vous êtes plutôt renfrognée le matin.

5. N'exagérez pas les choses : vous avez fait l'amour, c'est tout.

6. Ne critiquez pas ses performances.

7. Soyez honnête avec vous-même : que voulez-vous vraiment ? le revoir ou non ?

8. Amusez-vous.

HUIT FAÇONS DE LE FAIRE FUIR

1. Demandez-lui s'il a déjà choisi le prénom de vos enfants.

2. Pointez tout ce qu'il a mal fait.

3. Moquez-vous de ses attributs.

4. Critiquez vos propres points faibles.

5. Dites-lui que vous avez brûlé les affaires de votre ex-compagnon.

6. Passez-lui votre mère au téléphone.

7. Demandez-lui sa photo.

8. Dites-lui votre terreur du sexe.

chapitre 6

Comment tout oser
sans prendre de risques

Faire l'amour de manière « spéciale », c'est quoi pour vous ?

S'attacher ? Se fouetter ? Faire l'amour à plusieurs ? Apprécier l'érotisme ? l'exotisme ? Être pervers ? dépravé ? La notion même de normalité a beaucoup évolué ; ce qui était hier considéré comme marginal est aujourd'hui devenu plutôt banal. Quand on pense aux menottes en peluche que l'on vend dans certains quartiers, quand on voit les sous-vêtements torrides conçus par les grands couturiers et quand on songe au succès du piercing !

Battre comme plâtre votre partenaire ou vous déguiser en soubrette ne vous intéresse peut-être pas plus que ça. Mais comme tout le monde, sans doute vous demandez-vous, avec un brin de curiosité, comment ça marche et qu'est-ce que ça pourrait vous apporter. Si la sexualité un peu « spéciale » n'est pas réservée à tout un chacun, une petite dose de folie ne se refuse pas quand on veut pimenter ses relations. Heureusement, il ne s'agit pas de s'aventurer dans un territoire inconnu et dangereux mais bien plutôt de pratiquer de nouvelles expériences enrichissantes.

Être coquine... pourquoi pas ?

Selon les initiés, derrière la plus timide d'entre nous se cache une petite coquine ; pour la découvrir, il suffit de se laisser aller à ses pensées les plus licencieuses. Si vous avez du mal à trouver cette femme-là, qui se cache pourtant en vous, c'est que vous avez peur d'être considérée comme perverse, c'est que vous craignez d'être jugée.

Faites-le pour vous :

○ ne jugez pas d'après ce que les autres pensent en matière de sexualité ;

○ quel que soit ce que vous décidez, sachez que vous êtes deux adultes consentants ;

○ faire l'amour de façon un peu spéciale ne signifie pas pour autant être une malade, une obsédée ;

○ vous avez le droit de repousser vos limites ;

○ il est difficile de savoir ce qu'on aime avant d'avoir essayé ;

○ vous allez vraiment changer votre sexualité ;

○ faire l'amour d'une façon risquée ne signifie pas se mettre en danger ;

○ et si vous n'aimez pas, vous n'avez pas besoin de recommencer, c'est tout.

CE QUE VOUS GAGNEREZ À ÊTRE COQUINE

1. Vous serez plus excitée.

2. Vous aurez plus confiance en vos capacités sexuelles.

3. Vous vous sentirez plus libertine, plus malicieuse.

4. Vous pimenterez votre vie sexuelle.

5. Vous aurez plus de fantasmes.

6. Votre partenaire vous désirera davantage.

7. Vous désirerez davantage votre partenaire.

8. Vous jouirez plus.

9. Vous aurez des rapports sexuels plus intimes.

10. Votre vie sexuelle sera plus drôle.

N'ayez plus peur de votre imagination

○ Lire des ouvrages érotiques ou regarder des films pornographiques, cela peut aider la moins imaginative et la plus paresseuse des amantes à construire ses propres fantasmes. Si vous n'aimez pas les histoires grivoises, trouvez des livres qui s'adressent uniquement aux femmes : ils sont crus mais sont écrits spécialement pour un public féminin, et s'avèrent très utiles pour pimenter vos soirées.

○ Laissez votre imagination se débrider. Choisissez un fantasme pas trop compliqué et laissez courir vos rêveries. Le but est de sortir de la routine. Si vous avez tendance à être inhibée, à être timorée, devenez dominatrice : pensez à l'allure que vous aurez dans des sous-vêtements torrides, rêvez que vous dirigez les opérations, et pensez à ce que vous ressentirez alors.

○ Souvenez-vous des rencontres qui vous ont marquée. Pensez au premier baiser d'un homme dont vous étiez très amoureuse. Essayez de vous remémorer la sensation, l'attente, le résultat. Pensez au visage de celui qui vous a embrassée, et laissez-le faire tout ce que vous voulez.

○ Racontez vos rêves érotiques à votre partenaire. Si vous n'en faites pas, écoutez-le évoquer ce qui l'excite, et utilisez ses paroles pour vous exciter. Parlez-lui de vos fantasmes.

○ Réfléchissez aux huit fantasmes qui suivent. Qu'aimeriez-vous faire et pourquoi ?

I. La partie à trois

Ce sont en général deux hommes et vous. En imagination, vous êtes sans doute leur centre d'intérêt et d'attention. Mais attention, la réalité n'est pas si rose : pourriez-vous assumer plus d'un homme à la fois ? et cela vous gênerait-il si les deux hommes avaient des rapports sexuels entre eux ?

2. Faire l'amour avec un homme célèbre

À moins de devenir une admiratrice effrénée d'un chanteur, de fréquenter toutes les avant-premières et de se jeter dans les bras d'un acteur, voilà un fantasme qui a peu de chances de se réaliser. Peu importe : vous pourrez passer à l'acte avec votre partenaire, il suffit de fermer les yeux.

3. Faire l'amour avec un homme que vous connaissez

En général, c'est un homme hors de portée. Mais cela pourrait se faire. Qu'est-ce qui vous retient ? Cette personne peut être votre patron, votre beau-frère, votre meilleur ami ou le mari d'une amie. Gardez ce fantasme dans votre tête plutôt que de le mettre dans le réel. Car s'il y a des choses coquines à faire, il y a aussi des choses stupides à ne pas faire.

4. Faire l'amour avec un inconnu

C'est excitant mais sans doute effrayant dans la réalité.

5. Imaginer être une esclave, s'imaginer attachée

Si c'est sans doute mieux en imagination, cela peut également être réalisé si votre partenaire est de toute confiance (voir plus loin).

6. Faire l'amour avec une femme

Les relations lesbiennes constituent un fantasme courant : cela ne signifie pas pour autant que vous êtes homosexuelle, même si vous tentez l'expérience.

7. Faire l'amour devant une tierce personne

C'est aussi un fantasme très répandu. Dans la réalité, pourriez-vous supporter qu'on scrute le moindre de vos gestes, qu'on voit la partie la plus intime de votre anatomie ?

8. Faire l'amour en public

De nouveau, ce fantasme est très courant. Vous pouvez le réaliser, à condition d'être assez courageuse pour assumer le risque d'être arrêtée.

Avant de commencer, posez-vous quelques questions

Voilà, vous êtes avec votre partenaire, vous avez parlé de vos fantasmes respectifs, vous les avez partagés et maintenant, vous voulez passer à l'acte. Bien, mais cela demande réflexion. En premier lieu, la réalité ne sera pas nécessairement à la hauteur de vos espérances, surtout si vous vous repassez le même fantasme depuis plus de dix ans. En second lieu, étudiez tranquillement les questions suivantes avant de vous lancer :

« Et si ça tournait mal ? »

Donnez-vous le temps de réfléchir à ce qui peut échouer. Si c'est une partie à trois, serez-vous capable de gérer en même temps votre compagnon et un autre partenaire ? Et que se passera-t-il si votre compagnon y prend goût ? Cela signifie-t-il que vous ferez toujours l'amour de cette manière-là ?

« Quelles sont mes attentes ? »

Interrogez-vous sur ce que vous en attendez. Espérez-vous vous rapprocher de votre partenaire ? Ou est-ce juste une expérience ? Votre partenaire veut-il vraiment le faire, ou plaisante-t-il simplement ? Se sent-il obligé de vous faire plaisir ?

« Est-ce vraiment pour moi ? »

Vous seule pouvez répondre à cette question. N'acceptez pas de faire quelque chose juste pour vous lancer un défi ou de peur que votre compagnon ne vous quitte, ou pour imiter vos amies. Faites-le uniquement si l'idée vous excite.

« Comment convaincre mon partenaire ? »

La pire des manières serait de le prendre au dépourvu. Les hommes aiment les surprises, c'est vrai, mais si vous brandissiez subitement un fouet, il y a de fortes chances pour qu'il le prenne assez mal. Essayez plutôt de le convaincre en douceur : parlez-lui de votre fantasme et demandez-lui s'il accepterait de le vivre avec vous.

« Et si je n'aimais pas ce qu'il me propose ? »

Demandez-vous pourquoi sa demande vous déplaît. Car vous pouvez apprécier certaines choses alors que l'idée vous en était tout d'abord désagréable, non ? Après tout, qui n'essaie rien n'a rien. Vous sentez-vous humiliée ? Si c'est le cas, refusez catégoriquement : pourquoi faire des choses qui vous semblent dégoûtantes rien que pour son plaisir à lui ? Ou alors avez-vous peur ? Discutez-en avec lui pour avoir une idée plus précise de ce qu'il vous demande. Peut-être a-t-il en tête une version simplement érotique, tandis que vous imaginiez une version plus grivoise ? Mais si cela vous gêne vraiment, ne le faites pas. Car pourquoi l'envisager si ce n'est pas pour le plaisir ?

« Il faut être une obsédée pour faire ça, non ? »

Euh... vous feriez sans doute mieux de sauter ce chapitre.

Mais c'est quoi ?

« J'adore fantasmer. C'est la meilleure façon d'échapper à une réunion de travail ennuyeuse ou de s'évader quand on est prise dans un embouteillage. C'est étonnant de voir à quel point l'imagination peut être fertile quand on la laisse gambader. »
Lise, 25 ans.

S'attacher

Selon le Kinsey Institute for Research in Sex, Gender and Reproduction, le bondage – une pratique sexuelle qui consiste à attacher l'un des deux partenaires – excite plus d'une personne sur quatre. Vous n'êtes donc pas la seule à avoir déjà rêvé d'être attachée, fessée, d'avoir les yeux bandés ou d'être en position soumise. Ou de le faire à votre partenaire.

Si on aime être attaché(e), si on aime avoir les mains liées, c'est que cela représente autant une source d'angoisse que d'excitation ; le plaisir n'en est donc que plus grand. Le fait d'être entravé(e) oblige également le (la) paresseux(se) à devenir créatif(ive) et les plus rigides à se laisser aller.

Mieux encore : les hommes pensent que c'est une pratique divinement lubrique, espiègle et excitante. Mais attention ! si un peu de soumission rapproche les partenaires et pimente leur relation, il existe quelques principes de base dont il faut tenir compte avant de se lancer :

○ Ne vous laissez jamais attacher avec un lien qui entrave votre respiration. Même chose, bien sûr, si c'est votre partenaire qui est attaché.

○ Décidez toujours à l'avance jusqu'où vous voulez aller.

○ Choisissez un mot, une phrase ou un regard que vous utiliserez, vous ou votre partenaire, pour arrêter dès que vous commencerez à avoir peur.

○ Fermez la chambre à clé. À moins que vous vouliez craindre d'être surprise.

○ N'utilisez jamais de bâillon. Ne laissez jamais votre partenaire seul ou au bord de l'asphyxie.

Voici comment faire :

○ Liez ou attachez votre partenaire avec une cravate en soie ou des rubans. D'autres matières risqueraient, par friction, de provoquer des brûlures. Attention à la manière dont vous faites les nœuds : il s'agit de feindre la soumission, non de couper la circulation sanguine.

○ La deuxième étape consiste à faire monter son désir. Massez-le, caressez-le. Commencez par les organes génitaux, ensuite léchez-le de la tête aux pieds. Puis servez-vous de son corps pour votre propre plaisir : c'est le but de la manœuvre.

○ Rappelez-vous que c'est un jeu. Vous l'attachez pour jouer à le punir et à le dominer, non pour passer vos nerfs, votre stress et votre colère sur lui.

○ Vous avez votre partenaire à votre merci. Profitez-en pour le rendre silencieux et passif. S'il parle ou s'il bouge, punissez-le en arrêtant de le caresser. Il doit se rendre compte que vous êtes seule responsable de son plaisir et de son ultime satisfaction ; il doit vous obéir, il doit vous supplier : là est la condition de son plaisir.

C'est bon pour : les personnes rigides qui veulent se laisser aller.

Les jeux de rôle

Les jeux de rôle et les travestissements peuvent avoir une influence considérable sur votre libido. Tout d'abord, ils évitent de s'ennuyer, car vous vous efforcez de trouver ensemble ce qui est le plus excitant pour l'autre.

Ensuite, c'est une façon très amusante de renverser les rôles habituels. Ainsi, si c'est vous qui, en général, prenez l'initiative, le fait de tenir un rôle différent va changer la donne en renforçant le pouvoir de votre partenaire et en dynamisant votre vie sexuelle.

Voici comment faire :

○ Si vous ne voulez pas que le jeu de rôle finisse en fou rire, attribuez les rôles à l'avance : plus vous préparerez les choses, moins vous vous sentirez ridicules.

○ Commencez par décider qui sera le maître et qui sera l'esclave. Ensuite, imaginez des rôles – par exemple, un médecin et son patient, un vieux monsieur et une jeune femme, un professeur et son élève – et élaborez un scénario.

○ Jouez hors de votre chambre. Pourquoi ne pas imaginer une rencontre dans un bar mal famé ? Vous pouvez aussi vous exciter mutuellement en vous envoyant pendant toute la journée des courriers électroniques ; vous y jouerez le rôle qui vous a été attribué. Plus vous rentrerez dans le jeu, plus ce sera piquant.

○ Pensez à vous déguiser – à mettre des talons hauts, par exemple. Votre rôle doit être aussi réaliste que possible.

C'est bon pour : les personnes créatives qui ont besoin d'une petite étincelle.

LE SEXE AVEC INTERNET

Une étude américaine récente l'a montré : si les hommes vont sur Internet pour chercher des sites pornographiques, les femmes, quant à elles, préfèrent le « cybersexe » – faire l'amour sur Internet. Ainsi, 15 % d'entre elles disent avoir pratiqué le « cybersexe » plus d'une fois.

Le fétichisme

Si le fétichisme évoque des gens tout habillés de cuir qui fréquentent des clubs un peu louches, il n'en reste pas moins que nous avons tous et toutes des fantasmes érotiques, qu'ils soient ou non conscients. Peut-être faites-vous une fixation sur les gros biceps, sur les hommes moulés dans leur pantalon de cuir ou sur ceux qui portent des bottes de cow-boys... Après tout, le fétichisme n'est rien d'autre qu'une attirance marquée pour un objet ou une partie du corps. Un désir secret qui vous met l'eau à la bouche.

Voici comment faire :

○ Si vous n'avez aucune idée de ce qui vous excite ou excite votre partenaire, c'est le moment de partager quelques expériences. En guise de prélude, lisez ensemble des ouvrages érotiques ; ainsi, vous verrez quels sont les scénarios que vous aimez tous deux. Essayez de trouver ce qui vous excite particulièrement : certains vêtements, certains sous-vêtements, certaines parties du corps...

○ Dès que vous aurez repéré l'objet fétiche de votre partenaire, tirez-en tout le parti nécessaire, car il alimentera sa libido. Par exemple, s'il fantasme sur les talons hauts et sur les bas, arborez-les quand il ne s'y attend pas : rendez-lui une visite-surprise à son bureau, ou débarquez ainsi chez ses parents... Cela deviendra votre code sexuel intime.

○ Le seul moment où un objet risque de poser problème, c'est quand votre partenaire ne pourra plus s'en passer pour faire l'amour. C'est toutefois assez rare et la plupart des gens ne s'accordent un petit plaisir que de temps en temps.

C'est bon pour : les couples qui désirent libérer leur vie sexuelle de leur chambre à coucher.

Le voyeurisme et l'exhibitionnisme

Nombreux sont ceux qui, si on insiste un peu, avouent volontiers leur faible pour le voyeurisme ou l'exhibitionnisme. Cela ne signifie pas faire l'amour devant ses voisins ou les observer derrière les rideaux... Non, disons que c'est plutôt sortir un peu l'acte sexuel de son domaine traditionnel, celui de l'intime.

Voici comment faire :

○ Pourquoi ne pas être un peu coquine et utiliser une caméra pour filmer vos ébats ? Branchez-la « par exemple » sur la télévision afin de vous cadrer ensemble. Vous trouverez ainsi des angles plus flatteurs et vous pourrez les ajuster au fur et à mesure – plutôt que d'être, après coup, horrifiée par le résultat.

○ En général, la lumière naturelle suffit, mais il vaut mieux filmer en grand angle pour balayer l'ensemble de la scène. Quand tout est prêt, à vous de jouer. Si vous vous sentez gênée, amusez-vous : dites quelques mots grivois, regardez la caméra bien en face, ou faites tout simplement l'amour de manière habituelle. Il faut qu'on vous voie bien tous les deux, et que vous ayez l'air passionné et torride.

○ Si la caméra vous fait peur, utilisez un grand miroir. Se regarder faire une fellation ou un cunnilingus augmente le plaisir. Ou bien, quand vous êtes sur votre partenaire, placez une glace entre ses jambes afin qu'il puisse se voir vous pénétrer. Par l'observation mutuelle, vous saurez vraiment ce qui vous excite et ce qui l'excite.

○ Si vous voulez faire des photographies de nus, ne prenez pas un appareil classique – des tirages sortant d'une machine au développement, ce n'est pas ce qu'il y a de mieux... –, mais utilisez plutôt un Polaroïd ou un appareil photo numérique.

C'est bon pour : les adeptes de la contemplation, qui meurent d'envie de s'observer.

Le sexe et la nourriture

Si certaines personnes considèrent la nourriture et la sexualité comme les plus grands plaisirs de l'existence, ces deux domaines ne font pas toujours bon ménage, contrairement aux apparences. Utiliser quelque chose de trop pointu, de trop sucré ou de trop acide risque de provoquer une infection ou des démangeaisons, et de vous contraindre à une consultation assez embarrassante chez votre médecin. En effet, l'équilibre naturel du vagin est fragile : plus vous introduirez de substances étrangères, plus vous ferez des réactions et plus vous aurez des ennuis. La prudence est également requise avec le pénis et les bouts de seins ; si vous faites une fellation à votre partenaire en buvant du champagne, du thé brûlant ou quelque chose de pimenté ou de très froid, vous allez lui faire mal – si la boisson colle aux mains, c'est que c'est beaucoup trop froid.

Voici comment faire :

o Les légumes et les fruits de forme phallique tels que les concombres, les courgettes et les bananes se substituent très bien au pénis. La règle est la suivante : si c'est doux et flexible, et si vous pouvez mettre un préservatif dessus – bien sûr, ce n'est pas utile... –, vous pouvez l'utiliser, délicatement, comme vous le désirez.

o Les aliments froids sont appréciés pour la surprise qu'ils provoquent. Pour exciter très vite votre partenaire, frottez des cubes de glace sur ses bouts de sein, ou sucez des glaçons et faites-lui une fellation après les avoir recrachés. Il en redemandera, c'est certain.

o Prenez des fruits doux et pulpeux comme les fraises, les mangues, les bananes, les pêches et les framboises. Car ils s'écrasent, se mangent, se lèchent, se broient et s'étalent sur le corps avec joie.

○ Pensez au champagne, au lait, aux jus de fruits, au thé et aux citrons pressés chauds. Faites-lui une fellation quand vous avez encore dans la bouche la sensation de picotement, et non quand vous avez encore la bouche pleine. Le champagne et les boissons gazeuses provoquent une sensation de douleur et de plaisir mêlés.

C'est bon pour : ceux qui adorent manger.

OÙ LES FRANÇAIS AIMENT-ILS FAIRE L'AMOUR ?

27 % des Français aiment faire l'amour sur la plage.

21 % adorent le Jacuzzi.

10 % fantasment sur la piscine.

11 % aiment le grand air et la forêt.

8 % préfèrent la voiture.

Le grand air

Le soleil brille, vous avez chaud, vous transpirez, vous n'avez qu'une envie : arracher vos vêtements et faire l'amour avec votre compagnon. Qui vous en voudrait ? Le soleil augmente le niveau de sérotonine et de testostérone – ce qui donne envie de faire l'amour. Mais pour jouir au grand air, sachez choisir le bon endroit. Sinon, vos fesses nues pourraient bien se retrouver à la une du journal local.

À la plage

Avoir de l'eau dans le vagin, ce n'est pas bien méchant, mais attention car votre désir, lui, pourrait bien ne pas apprécier. Le manque de lubrification rendant les rapports sexuels inconfortables et difficiles, forcez sur les préliminaires avant de faire une tentative. De plus, faire l'amour dans la mer n'est pas de tout repos ; les grains de sable risquent d'abîmer le préservatif avant que vous ayez eu le temps de l'utiliser. Votre partenaire doit donc le mettre roulé, puis doit vous pénétrer à la surface de l'eau, avant de glisser tous les deux dans les flots.

Les meilleurs endroits sont les criques désertes et les coins de rochers. Ainsi, vous serez à l'abri des regards indiscrets.

Les endroits à éviter sont les plages pleines d'enfants : ils vous remarqueront très vite, même si personne d'autre ne vous a vus.

À l'extérieur

Cherchez un abri, quelque chose de plus large que vos hanches, afin que personne ne vous voie de l'arrière ; choisissez un arbre aux branches pendantes, qui préserveront votre intimité. Faire l'amour au grand air demande de l'audace et de la rapidité – palpitations et sens aiguisés garantis.

Les meilleurs endroits se situent loin d'un chemin, d'un café, d'un parking ou d'un lac.

Les endroits à éviter sont les jardins publics, trop fréquentés par les flâneurs, les classes d'école en promenade et les gardiens.

Sur le balcon d'un hôtel

Essayez de faire l'amour contre la rambarde, la nuit ou le jour, quand tout le monde est parti à la plage. Si les montants sont espacés, étalez une serviette pour vous protéger des curieux. Faire l'amour presque publiquement augmente l'anxiété autant que le désir – excitation maximale et afflux de sang dans les organes génitaux assurés. Attention : vous avez de grandes chances d'être remarqués par des voisins ou des passants.

Les meilleurs endroits sont les balcons situés au dernier étage, avec vue sur la mer.

Les endroits à éviter sont les balcons donnant sur la piscine, le bar ou un autre hôtel.

C'est bon pour : ceux qui veulent pimenter leur vie sexuelle.

« AVEC QUI AIMERIEZ-VOUS FAIRE L'AMOUR ? »

À cette question,

40 % des Français ont répondu : avec un(e) ex.

33 % : avec un(e) inconnu(e).

13 % : avec leur patron(ne).

Les accessoires

Aventurez-vous dans un sex-shop et vous y découvrirez une panoplie impressionnante d'accessoires en tout genre destinés à votre amusement : des vibromasseurs, des godemichés, de faux vagins, de faux seins et de drôles de boules vous attendent. Sans doute serez-vous plus dégoûtée qu'excitée, car, avouons-le, tous ces objets sexuels ont l'air plutôt étrange. Mais pourtant, ils sont aujourd'hui fabriqués en très grand nombre, tout simplement parce que beaucoup de gens les achètent. Si cela vous tente, ne ressentez ni honte ni culpabilité. Aimer les accessoires sexuels, cela ne veut pas dire être dépravée, prête à tout ou frustrée. Ces objets ne sont qu'une extension de votre sexualité, leur but est de l'améliorer et non de s'y substituer à long terme.

Voici comment faire :

○ Décidez ce que vous voulez acheter : un vibromasseur est un appareil de forme phallique, qui vibre et qui masse ; un godemiché a la forme d'un pénis en érection et son but est de le remplacer ; les boules japonaises sont de petites boules que l'on insère dans le vagin pour se donner du plaisir ; un anneau de coq est une bague en caoutchouc qui, placée à la base du pénis, fait durer l'érection ; etc.

○ Si ces accessoires vous tentent mais que vous détestez l'idée d'entrer dans un sex-shop, ils sont vendus sur catalogue, par correspondance, ou sont disponibles sur Internet ; vous pouvez vous les faire expédier dans un emballage entièrement anonyme.

○ L'utilisation d'accessoires favorise le plaisir ; ils vous aideront à découvrir vos zones érogènes et à éveiller votre désir. Ne les gardez donc pas pour votre usage privé mais sortez-les quand vous faites l'amour. En revanche, ne les prêtez pas, ne les partagez pas – ce serait un moyen de propager les infections bactériennes.

C'est bon pour : ceux qui cherchent à atteindre cet insaisissable orgasme.

UN SEULEMENT !

En Arizona, une loi interdit la possession de plus de deux vibromasseurs par foyer.

Les paroles

Il ne s'agit pas d'inonder votre partenaire d'un flot de jurons, d'être grossière ou obscène – sauf si ça vous excite. Il s'agit tout simplement d'utiliser le langage pour faire monter le désir, de trouver des mots égrillards, d'élaborer des scénarios lubriques, ou encore d'employer des expressions suggestives, qui s'avèrent très efficaces : non seulement elles appellent immédiatement une image visuelle excitante, mais elles sont faciles à placer à tout propos – petits mots, courriers électroniques, coups de téléphone... Attention si vous êtes au bureau.

Voici comment faire :

○ Le plus important est de vous mettre d'accord sur ce qui est ou non acceptable. Car le but n'est pas de tomber dans la surenchère, ni de rebuter votre partenaire, encore moins de l'offenser.

○ Vous ne savez pas quoi dire ? Lisez des ouvrages érotiques et voyez ce qui marche. Plus simple encore : appelez votre compagnon à son bureau et parlez-lui de ce que vous allez lui faire quand il rentrera ce soir, racontez-lui des scénarios passés, embellissez l'histoire... Bref, au seul son de votre voix, il sera très excité.

○ Vous n'arrivez pas à le dire ? Dans ce cas, quand vous faites l'amour, émettez des sons d'approbation. Plaintes et autres gémissements sont un excellent moyen de lui faire comprendre que vous ressentez du plaisir.

C'est bon pour : les amants éloignés et tous ceux qui veulent vivre leur sexualité comme une aventure de tous les jours.

Les films pornographiques

La pornographie est un domaine largement contesté. Si 50 % des couples l'utilisent avec bonheur, beaucoup de gens la trouvent choquante, sexiste et dégradante. Si cela ne vous convient pas, passez votre chemin. À l'instar de tout ce qui concerne la sexualité, c'est une histoire de choix.

Voici comment faire :

○ Sélectionnez le genre de films que vous désirez voir. La pornographie *soft* est celle qui passe à la télévision et qui apparaît dans les films courants. Il existe également la « semi-pornographie » : par exemple, des films mettant en scène des scénarios obscènes – des couples faisant l'amour avec des lesbiennes, des échangistes... Enfin, la pornographie *hard* regroupe les films que beaucoup trouvent choquants – même ceux qui y sont habitués – car ils sont très durs, souvent violents, et atteignent les limites de la perversion.

○ Sachez que, au bout d'un certain moment, tous les films pornographiques sont ennuyeux : l'intrigue est réduite au minimum, le dialogue est nul, le jeu des acteurs est plus que limité. Le but est d'observer, de s'exciter, de voler quelques idées et puis de faire l'amour.

○ Si vous n'aimez pas les films, pensez aux revues. Nombreuses sont les femmes qui n'aiment pas ça et qui détestent que leur partenaire les lise. Si c'est le cas au sein de votre couple, sachez que votre compagnon les utilise uniquement comme stimulant visuel, et non par désir pour toutes ces femmes retouchées à coups de bistouri...

C'est bon pour : les couples avides de nouvelles idées.

UN MARCHÉ RENTABLE ....
Le sexe sur Internet génère chaque année un milliard de dollars de bénéfices.
....

Les hésitations de la paresseuse

1. « Est-ce bien poli d'apporter un vibromasseur ? »

Quand il s'agit d'un appareil, la plupart des hommes considèrent qu'être deux c'est bien, mais qu'être trois c'est vraiment trop. Si vous êtes très tentée par l'expérience, rappelez-vous une chose : même si le vibromasseur peut servir d'antidote aux mauvais rapports sexuels, le plus bête – et le plus sourd – des amants risque fort de percevoir le bruit de vibration qui vient de votre côté du lit.

2. « Peut-on se donner du plaisir avec un accessoire quand on n'a pas joui ? »

Oui, absolument. Mais seulement si vous en faites un jeu. Non seulement votre partenaire apprendra, par la même occasion, quelques trucs pour vous faire jouir, mais il pensera également que vous le faites rien que pour lui.

3. « Est-il malvenu de rire quand il me dit des paroles obscènes ? »

Se moquer de ce qui fait jouir un homme est le plus sûr moyen de le décourager et de le faire fuir. Vous n'êtes pas convaincue ? Inversez les choses et posez-vous la question suivante : « Quelle serait ma réaction si mon partenaire riait devant mes sous-vêtements délicats et choisis avec soin ? »

4. « Jusqu'où puis-je aller sans choquer mon partenaire ? »

Si c'est votre second rendez-vous seulement et que vous avez déjà atteint les limites de la perversion, sans doute plus rien ne le choquera. En revanche, s'il insiste pour faire l'amour sur une serviette et pour éteindre la lumière, ne vous aventurez pas au-delà de la position du missionnaire.

5. « Mon partenaire insiste pour que nous fassions l'amour dans un endroit dangereux et hors du commun. Est-ce que je peux le laisser choisir cet endroit ? »

Si vous lui faites déjà confiance pour les choses simples – par exemple, partir en vacances –, c'est que vous ne risquez rien. Rappelez-lui toutefois que seul le côté risqué de la chose est amusant, et non de risquer sa vie. Si vous ne pouvez lui faire confiance, prenez les choses en main. Sinon, vous risquez fort de vous retrouver faisant l'amour devant une caméra de télévision...

6. « Mon partenaire propose sans arrêt de faire l'amour dans la salle de bains, chez ses parents, ou sous la table au restaurant. Qu'est-ce que cela veut dire ? »

Il semblerait que votre partenaire ait besoin de danger pour s'exciter. Cherchez à savoir ce qui l'excite quand il veut faire l'amour en public. Est-ce le côté défendu ? l'aspect exhibitionniste ? Est-ce le fait de vous entraîner où il veut ? Quand vous aurez découvert la réponse, faites-le chez vous. S'il aime l'idée d'être vu par des tierces personnes, éteignez la lumière et ouvrez les rideaux : vous aurez la sensation d'être à l'extérieur, sans l'être.

7. « Mon partenaire propose sans arrêt de faire une partie à trois avec l'une de mes amies. Quand je refuse, il dit que je suis trop prude. Que faire ? »

Proposez-lui une partie à trois, mais avec l'un de ses amis, et vous verrez sa réaction. Faire l'amour avec deux femmes a beau être le fantasme numéro un des hommes, il y a de fortes chances que cela le refroidisse si vous renversez la proposition. Sinon, soyez libertine : l'amour à plusieurs sera bientôt à la mode !

8. « J'ai parfois envie de le malmener. Est-ce un besoin sexuel ? »

Essayez de comprendre pourquoi et à quel moment vous avez envie de le punir, de lui faire subir des sévices. Si vous avez envie de le battre à chaque fois qu'il flirte avec une autre femme, ce n'est pas un besoin sexuel. Toutefois, si vous aimez dominer, faites-le en paroles en élaborant des scénarios sexuels.

9. « Jusqu'où aller ? »

Aussi loin que l'autorise un partenaire consentant. Mais attention : si la routine peut détruire une relation, bafouer la loi pour avoir son comptant d'excitation sexuelle conduit tout droit en prison – même si vous jugez votre comportement sans danger.

VINGT-CINQ FAÇONS D'ÊTRE COQUINE SANS SE DONNER TROP DE MAL

1. Mettez-vous sur votre trente et un.

2. Habillez-vous décontractée.

3. Dites-lui des mots grivois.

4. Faites-lui une petite visite-surprise, à son bureau, à l'heure du déjeuner.

5. Jouez ensemble à un jeu de rôle.

6. Prenez l'initiative et faites l'amour à la va-vite.

7. Entraînez-le dans les fourrés d'un jardin public.

8. Offrez-lui quelques accessoires sexuels pour son anniversaire.

9. Découvrez ce qui le fait fantasmer et jouez-lui la scène.

10. Attachez-le à la tête du lit pour lui faire l'amour quand il ne s'y attend pas.

11. Lancez-lui négligemment des photographies de vous entièrement nue.

12. Achetez quelques sous-vêtements unisexes.

13. Si vous en avez le culot, demandez à un ami de participer.

14. **Suggérez-lui de vous filmer en train de faire l'amour.**

15. **Écrivez-lui une lettre d'amour assez crue et laissez-la traîner dans son agenda ou sa sacoche.**

16. **Entraînez-le dans votre chambre de jeune fille, chez vos parents.**

17. **Dites-lui qu'aujourd'hui, vous ne portez pas de collant.**

18. **Faites quelquefois l'amour au téléphone.**

19. **Essayez le vibromasseur.**

20. **Achetez des menottes et laissez-les négligemment pendre du lit.**

21. **Apportez un peu de crème chantilly et de glace au lit.**

22. **Quand vous vous déshabillez, demandez-lui à quoi il pense.**

23. **Dites-lui à quoi vous pensez quand il se déshabille.**

24. **Abstenez-vous de faire l'amour pendant une semaine, mais parlez-en abondamment.**

25. **Passez tout un week-end ensemble au lit. Vous serez étonnée du résultat.**

chapitre 7

Comment vous protéger
en toute tranquillité

Quelle contraception ?

La contraception est une question de choix. Le choix n'est pas d'avoir ou non une contraception, le choix porte sur la méthode à adopter ou à exclure. Même si cela constitue souvent un vrai casse-tête – tout le monde le sait, et même la plus paresseuse –, il faut avoir une contraception. Vous détestez les préservatifs, vous avez peur que la pilule vous fasse grossir, vous pensez que le stérilet n'est pas pour vous, vous estimez que le diaphragme n'est vraiment pas pratique... Quels que soient vos interrogations et vos doutes, dites-vous que la contraception est de plus en plus facile, accessible et simple à utiliser, qu'elle a bénéficié de progrès scientifiques considérables, qu'elle est mieux conçue qu'autrefois et que les dosages hormonaux – la pilule, par exemple – ont beaucoup évolué. Même si vous faites partie de celles qui pensent que rien ne leur convient, parions que vous allez trouver quelque chose qui vous correspond. Il faut essayer, c'est tout.

POURQUOI AVOIR RECOURS À UNE CONTRACEPTION

- Elle réduit les risques d'attraper une maladie sexuellement transmissible.
- Elle est simple à se procurer.
- C'est plus facile que d'avoir un bébé.
- Elle protège votre santé et celle de l'homme que vous aimez.
- Elle évite les consultations gênantes chez votre gynécologue.
- Elle évite d'avoir des pertes, parfois malodorantes.
- Elle permet de continuer à être fertile.
- Elle permet de continuer à ne pas avoir mal en faisant l'amour.
- Elle permet de ne pas contaminer vos futurs amants.
- Elle permet de ne pas contaminer votre bébé, quand vous déciderez d'en avoir un.
- Elle évite d'avoir le cancer du col de l'utérus.

Ce qui n'est pas
une méthode contraceptive...

Laissez-moi tout d'abord vous dire un mot de ce qui n'est pas une méthode contraceptive. En effet, dans ce domaine, on peut à tout âge se méprendre sur ce qui est efficace et sur ce qui ne l'est pas.

La « méthode » la plus controversée est le retrait, ou coït interrompu, c'est-à-dire quand l'homme se retire avant d'éjaculer pour ne pas laisser de sperme à l'intérieur du vagin. Le problème est double : non seulement le liquide qui précède l'éjaculation contient des spermatozoïdes, mais il faut également que votre partenaire soit bien expérimenté, sinon il risque de se retirer trop tard. De plus – et c'est important –, cette méthode ne protège pas des maladies sexuellement transmissibles. Si vous rencontrez un adepte de cette fausse méthode contraceptive, cela signifie qu'il la pratique souvent, donc qu'il fait souvent l'amour sans se protéger : nous savons tous et toutes ce que cela signifie !

... et ce qui l'est

La pilule

Voilà une méthode contraceptive hormonale. La pilule contient deux hormones – œstrogènes et progestérone – qui, à chaque cycle, empêchent les ovaires de produire un ovule. Cette méthode est très efficace quand elle est bien utilisée mais ne protège aucunement des maladies sexuellement transmissibles et du sida. C'est de loin la contraception la plus sûre.

À CHACUN SA MÉTHODE

En France, 68 % des femmes âgées de 20 à 49 ans utilisent une contraception.

38 % prennent la pilule.

28 % utilisent des préservatifs.

Les 16-20 ans adoptent le préservatif à 55 %.

Toute la vérité sur la pilule

1. Ses bienfaits sont plus importants que ses inconvénients

En effet, elle améliore l'aspect de la peau, réduit les douleurs et les saignements menstruels, et prolonge la fertilité. Une étude récente a même montré que les femmes qui, avant l'âge de trente ans, ont pris la pilule pendant plus de neuf années avaient moins de risques de faire une fausse couche.

2. Elle ne présente aucun risque

C'est entièrement vrai. Alors, pourquoi tant d'histoires ? Selon un rapport officiel publié en 1995, le risque de thrombose veineuse est deux fois plus important chez les femmes sous pilule. Mais il faut relativiser cette information, car la grossesse augmente ce risque deux fois plus que la pilule ! Par ailleurs, le risque de décéder à cause de la pilule se situe entre 1/500 000 et 1/1 000 000 : il est à peu près équivalent au risque de mourir dans une catastrophe ferroviaire ou d'être électrocuté(e) par la foudre ; il est, par exemple, dix fois inférieur au risque d'être assassiné(e).

3. Et les effets secondaires ?

De nos jours, les pilules sont plus sûres que jamais : les dosages hormonaux sont beaucoup plus faibles qu'autrefois, et certaines pilules ne contiennent qu'un seul type d'hormones – ce qui évite les effets secondaires tels que la nausée et les maux de tête.

> « Je prends la pilule : le simple fait de savoir qu'en l'utilisant correctement je ne tomberai pas enceinte a transformé ma vie sexuelle. »
> Stéphanie, 28 ans.

Comment ça marche ?

Les pilules contiennent des œstrogènes et de la progestérone, deux hormones qui bloquent l'ovulation. C'est comme si la pilule faisait croire à votre organisme que vous étiez enceinte afin de l'empêcher de produire ses propres hormones et de commencer un cycle menstruel. De plus, la pilule augmente la production et l'épaisseur de la glaire cervicale pour faire barrière au sperme et pour que l'ovule fécondé – s'il y en avait un – ne puisse pas s'implanter sur les parois de l'utérus.

La pilule se présente sous forme de plaquette contenant une prescription d'un mois. Chaque comprimé contient exactement la même quantité d'hormones ; il faut donc prendre une pilule par jour, pendant vingt et un jours, et arrêter sept jours – avec certaines marques, il faut continuer à prendre un placebo pendant ces sept jours-là. Pendant la semaine d'arrêt, les parois de l'utérus sont évacuées : les règles surviennent – bien que ce ne soient pas de véritables règles puisque l'ovulation n'a pas eu lieu.

LES BÉNÉFICES « SANTÉ » DE LA PILULE

- Des règles régulières.
- Des règles moins abondantes.
- Moins ou pas de crampes menstruelles.
- Une plus belle peau.

- Une diminution du risque de cancers du sein, de l'ovaire et de l'utérus.
- Une diminution du risque d'infections génitales.
- Moins de kystes de l'ovaire.
- Une fertilité protégée.
- Des os plus solides.
- Moins de carences en fer.

Pilule et idées fausses

Idée fausse : la pilule fait grossir.

Si vous prenez la pilule, il a été prouvé que vous avez autant de chances de maigrir que de grossir. Si vous grossissez, cela arrive seulement le premier mois, le temps que votre organisme s'habitue à la contraception. Si toutefois vous continuez à prendre du poids, c'est qu'il vous faut une pilule d'un dosage hormonal différent.

Idée fausse : il ne faut pas prendre la pilule en continu, il faut respecter les sept jours d'arrêt.

Aussi étrange que cela puisse paraître, la période d'arrêt n'est pas nécessaire. Au tout début, quand la pilule a été mise au point, les laboratoires pharmaceutiques ont pensé que les femmes aimeraient mieux prendre une pilule qui reproduisait exactement un cycle menstruel normal de 28 jours. En conséquence, vous pouvez très bien prendre la pilule en continu, sans avoir de règles. Cependant, consultez votre médecin avant de le décider.

Idée fausse : la pilule possède de nombreux effets secondaires – par exemple, des nausées et des maux de tête.

À l'instar de tout médicament, certaines pilules peuvent provoquer des effets secondaires, mais nombreuses sont les femmes chez qui la pilule n'en présente aucun. Si vous ressentez quoi que ce soit d'anormal, demandez à votre médecin de vous prescrire une autre pilule, d'un dosage différent.

Idée fausse : doubler la prise de la pilule protège deux fois plus.

Prendre deux pilules au lieu d'une ne protège pas deux fois plus. Toutefois, s'il vous arrive d'oublier de la prendre – c'est le cas chez 47 % des femmes –, vous avez douze heures pour rattraper cet oubli. Si vous dépassez ce délai, consultez votre médecin. Quand elle est utilisée correctement, la pilule est efficace à 99 %.

Le préservatif

Réalisé en latex très fin, le préservatif se place sur le pénis. C'est une barrière de protection qui emprisonne le sperme. Il protège contre le cancer du col de l'utérus et diminue les risques de maladies sexuellement transmissibles, y compris le sida.

TOUTE LA VÉRITÉ SUR LE PRÉSERVATIF

- Le préservatif évite d'attraper des maladies sexuellement transmissibles et le sida.
- Si vous utilisez des lubrifiants, prenez uniquement des lubrifiants aqueux – par exemple, du gel.
- La vaseline, les huiles et les lotions pour le corps abîment le préservatif, qui peut alors se déchirer.
- Il faut toujours conserver les préservatifs dans un endroit frais, car la chaleur abîme le latex.

Les nouveaux préservatifs

Vous aimez bien utiliser un préservatif, mais vous en détestez l'odeur. Vous n'êtes pas la seule. Heureusement, des chercheurs ont trouvé la solution idéale : ils sont parvenus à masquer l'odeur âcre du caoutchouc. Encore mieux : il existe aujourd'hui un nouveau préservatif, bien large, créé aux États-Unis et déjà disponible en Hollande – plus facile à mettre, ne roulant pas sur lui-même, il s'enfile comme une chaussette... Son autre avantage est de permettre une plus grande stimulation du vagin et du point G.

Essayez également les nouveaux préservatifs en polyuréthane ; ils sont fabriqués dans la même matière que les préservatifs féminins ; ils sont plus fins et plus longs que les préservatifs traditionnels.

COMMENT UTILISER UN PRÉSERVATIF ?

1. Le préservatif ne doit jamais être enfilé avant l'érection. Il ne faut pas non plus le dérouler pour essayer de le mettre sur le pénis.

2. Pincez l'extrémité du préservatif pour vider la poche d'air. Placez-le sur le gland et déroulez-le doucement, jusqu'à la base du pénis, en expulsant peu à peu les bulles d'air – elles risquent de faire éclater le préservatif.

3. Assurez-vous que votre partenaire se retire tout de suite après l'éjaculation en tenant le préservatif par la base, afin qu'il ne glisse pas.

4. Ne réutilisez jamais un préservatif.

5. Si le préservatif s'ouvre, se déchire ou glisse à l'intérieur, prenez toujours, par mesure de précaution, la pilule du lendemain.

6. Utilisez uniquement des préservatifs portant un sigle d'autorisation de mise sur le marché : cela signifie que leur qualité a été testée.

Préservatifs et idées fausses

Idée fausse : les préservatifs gênent pour faire l'amour.

Ce n'est pas vrai : les préservatifs sont très fins et, une fois en place, ils n'entravent ni l'acte sexuel ni l'éjaculation.

Idée fausse : beaucoup d'hommes trouvent que les préservatifs sont trop étroits.

C'est fort peu probable : si vous ne me croyez pas, essayez d'en gonfler un, et vous verrez jusqu'à quel point il se dilate.

Idée fausse : de toute façon, ça ne marche pas.

Absolument faux : quand on sait utiliser un préservatif (voir les instructions dans l'encadré), ça marche très bien. Des préservatifs utilisés correctement sont efficaces à 98 %.

GARE À LA MISE EN PLACE !

Une étude menée à l'université de Sydney montre que les hommes peuvent facilement déchirer un préservatif dans deux cas au moins : quand ils ne sont pas habitués à s'en servir et quand ils tirent dessus au lieu de le mettre en le roulant.

Le préservatif féminin

Le préservatif féminin ressemble à un tube doté de deux anneaux flexibles à chaque extrémité. La partie la plus petite se place à l'intérieur du vagin, et l'autre partie reste à l'extérieur afin que la protection soit totale. Certains se plaignent d'avoir l'impression de faire l'amour dans une sorte de sac... Fabriqué en polyuréthane très fin et non en latex, prélubrifié, le préservatif féminin présente des avantages : en le tenant pendant la pénétration, votre partenaire ne risque pas de glisser dessous en entrant ou en sortant. Bien utilisé, le préservatif féminin est efficace à 98 %.

Le diaphragme

Le diaphragme est un dôme en caoutchouc, à utiliser avec un spermicide ; on l'applique directement sur le col pour empêcher les spermatozoïdes de pénétrer dans l'utérus. Vous pouvez le placer à n'importe quel moment avant les rapports sexuels ; mais avant de l'utiliser pour la première fois, faites vérifier sa mise en place par un médecin. Il est également recommandé de pratiquer un contrôle une fois par an pour vérifier s'il convient toujours, si vous prenez ou perdez plus de trois kilos – et bien sûr si vous avez un enfant ! Bien utilisé, le diaphragme est efficace à 96 %.

Le stérilet

Ce petit objet en plastique et en cuivre, généralement en forme de T ou de 7, est efficace dès sa mise en place ; il peut être conservé pendant cinq ans. Son problème est qu'il donne parfois des règles plus abondantes et risque d'être expulsé hors de l'utérus. Si vous le perdez, vous pourrez tomber enceinte dès le premier rapport sexuel. Le stérilet est efficace à 98-99 %.

Pour celles qui ont connu une mauvaise expérience, sachez qu'il existe aujourd'hui un nouveau type de stérilet. Au lieu d'être en forme de T, il est fait de petites rangées de perles de cuivre, dont la flexibilité permet de mieux s'adapter à l'intérieur de l'utérus. Une fois en place, il ne provoque aucun effet secondaire douloureux et reste efficace à long terme : vous pouvez soit le laisser en place pendant cinq ans, soit l'utiliser, dans les cinq jours après un rapport non protégé, comme méthode contraceptive d'urgence.

Le dispositif intra-utérin

Un petit objet en plastique contient de la progestérone. Efficace dès sa mise en place dans l'utérus, sa durée contraceptive est de trois ans. Bien que des saignements sporadiques surviennent parfois durant les trois premiers mois, le dispositif intra-utérin diminue en général l'intensité des règles ; il convient donc bien aux femmes qui souffrent de règles douloureuses et abondantes. Il possède quelques effets secondaires passagers tels que de l'acné et une sensibilité accrue des seins. Il est efficace à 99 %.

L'implant

Apparu en France en 2001, l'implant contraceptif est un bâtonnet souple de 4 cm de longueur et de 2 mm de diamètre ; il se place sous la peau, dans la partie supérieure du bras, et libère dans le sang un flot constant d'hormones.

L'action contraceptive de l'implant contraceptif est de trois ans. Il ne convient pas aux femmes qui présentent certains facteurs de risques d'infarctus, de maladies cardiovasculaires, de maladies du foie, de cancers du sein et des ovaires. Les implants sont efficaces à 99 %.

Les injections

Les injections d'hormones possèdent une action plus durable que celle de la pilule. Afin d'empêcher l'ovulation, elles libèrent de la progestérone. Intramusculaire, l'injection est souvent pratiquée dans la fesse.

L'injection libère du souci de la contraception pendant toute sa durée d'action, mais elle possède parfois des effets secondaires tels que la prise de poids et les saignements sporadiques. L'efficacité des injections d'hormones est de 99 %.

« J'ai une amie qui a essayé une méthode naturelle et qui est tombée enceinte. Je ne vais pas m'y risquer : je n'ai même pas le courage de calculer correctement ma période d'ovulation. »
Louise, 26 ans.

Les méthodes naturelles

Les méthodes naturelles sont la méthode Ogino, la méthode des températures et la méthode Billings – ou méthode de la glaire cervicale.

Ces méthodes se fondent sur le calcul des jours fertiles et des jours infertiles. Quand vous connaissez votre période fertile, vous devez éviter à ce moment-là les rapports sexuels ou bien utiliser une contraception. Ce type de méthode n'a aucun effet secondaire et peut être utilisé à tout âge, à condition d'avoir toujours un cycle régulier.

Les méthodes naturelles sont recommandées uniquement aux femmes bien organisées et dont les cycles sont très réguliers. Sinon, le taux d'échecs risque d'être important.

UNE PRISE DE RISQUES MAXIMUM

14 % des Français reconnaissent avoir eu un rapport non protégé lors des 12 derniers mois.

Cette proportion atteint 20 % chez les 16-20 ans.

La contraception d'urgence

À la suite d'un rapport non protégé, il existe deux méthodes pour empêcher une grossesse. Toutes deux sont à employer dans les cinq jours qui
suivent ce rapport – bien que le plus tôt soit le mieux.

La pilule du lendemain

Vous pouvez vous la procurer chez votre pharmacien – elle est en vente
libre –, chez votre médecin ou dans les Centres de planning familial.

Si le rapport sexuel a eu lieu dans les 72 heures (trois jours), vous pouvez
prendre la pilule du lendemain. La prise est dorénavant de deux
comprimés – au lieu de quatre pour les anciennes pilules.

Les avantages de cette pilule sont nombreux : elle ne rend pas malade et ne
provoque pas de nausées, elle est efficace à 95 % et ne présente aucun
risque pour la santé.

La pilule du lendemain arrête le processus de conception – cela est valable
si vous êtes déjà enceinte. Elle est donc différente de la pilule avortive qui,
elle, n'est pas en vente libre.

Le stérilet d'urgence

Si vous avez attendu plus de 72 heures (trois jours) mais moins de cinq
jours, votre gynécologue peut vous poser un stérilet d'urgence : il évitera
que les parois de votre utérus s'épaississent. La conception sera alors arrêtée. Cette méthode intervenant après les rapports et non avant est efficace
et dure trois ans – à moins, bien sûr, de vouloir retirer le stérilet avant.

Quelles sont les nouvelles et les futures méthodes contraceptives ?

Le patch

Le patch contraceptif ressemble aux patchs antitabac ; il se place de préférence sur les fesses ou sur le bras. Il libère directement dans le sang des œstrogènes et de la progestérone en continu.

Il faut le porter pendant sept jours consécutifs puis arrêter trois semaines. Son principal inconvénient est de ne pas vous protéger contre les maladies sexuellement transmissibles.

L'anneau vaginal

L'anneau vaginal est placé autour du col de l'utérus ; dans le creux de cet anneau flexible sont contenues des hormones. L'avantage de cette méthode est de diffuser des hormones uniquement sur le col et l'utérus – ce qui évite à l'ensemble de l'organisme de recevoir des hormones, donc de présenter différents effets secondaires tels que la sensibilité des seins et les changements d'humeur. Son inconvénient : il ne protège pas des maladies sexuellement transmissibles.

Les hormones « intelligentes »

« Intelligentes » par dénomination et par nature, ces hormones sont actuellement à l'étude. On espère qu'elles seront capables d'agir directement sur les cellules reproductrices sans altérer les cellules et les organes voisins. Elles cibleront les organes reproductifs par simple frottement sur la peau. Il n'y aura donc aucun effet secondaire et les dosages hormonaux seront plus faibles. Cette contraception friserait-elle la perfection ?

L'avenir nous le dira.

La pilule antimicrobienne

Au début de l'année 2003, des scientifiques chinois ont découvert chez le rat un gène produisant un composé qui les protège des maladies sexuellement transmissibles. Cette protéine posséderait des propriétés antimicrobiennes très puissantes. Une pilule contraceptive protégeant des infections sexuelles et même du sida pourrait alors être proposée aux hommes.

Les infections sexuelles

Les infections sont aujourd'hui en augmentation. Elles sont très contagieuses et causent de nombreux problèmes, allant de quelques démangeaisons gênantes à l'infertilité. C'est pourquoi il est indispensable, pour vous et votre partenaire, d'avoir toujours des rapports protégés.

Surveillez certains signes

○ Avant tout rapport non protégé – ce qui n'est guère prudent ! –, faites un test pour vérifier que vous et votre partenaire, vous n'avez aucune infection.

○ Si vous avez quoi que ce soit, ne faites pas l'amour avant que l'infection ait été traitée et ait entièrement disparu.

○ Utilisez toujours un préservatif quand vous faites l'amour avec un homme que vous connaissez depuis peu.

○ Ne considérez jamais que vous n'avez rien parce que vous n'avez aucun symptôme.

○ Ne jouez pas à la roulette russe : si vous avez de nombreux rapports non protégés, vous attraperez quelque maladie peu réjouissante, c'est certain.

○ Sachez que les infections n'ont pas toujours de symptômes. Les signes à surveiller sont :

   — de drôles de cloques ou des boutons sur les organes génitaux ;

   — des cloques, petites ou grandes, dans le vagin ;

   — des pertes, aqueuses, épaisses ou malodorantes ;

   — une irritation, n'importe où dans la zone génitale ;

   — des odeurs inhabituelles, souvent nauséabondes ;

   — des éruptions autour des organes génitaux, non seulement autour du vagin mais aussi sur les fesses et le haut des cuisses ;

   — des douleurs pendant les rapports – contrairement à l'idée reçue, ce n'est jamais normal ;

   — des protubérances, des rougeurs ou des écoulements venant de la verge ;

   — des douleurs urinaires.

○ Consultez un service hospitalier spécialisé.

○ Si vous avez des doutes, n'hésitez pas à faire un examen gynécologique. Les maladies sexuellement transmissibles et les infections urinaires guérissent facilement, mais sont très contagieuses. Il faut donc les détecter et les traiter le plus vite possible.

LE SEXE ET LA PEUR

33 % des Français ont peur d'être contaminés par le sida quand ils font l'amour.

15 % ont peur de ne pas satisfaire leur partenaire.

14 % ont peur d'être impuissants.

13 % ont peur que leur corps déplaise à leur partenaire.

11 % ont peur de ne pas arriver à jouir.

4 % ont peur d'être surpris par leurs parents ou leurs enfants.

3 % ont peur d'une grossesse non désirée.

2 % ont peur d'attraper une maladie sexuellement transmissible.

Les maladies sexuellement transmissibles

Contrairement aux infections urinaires, les maladies sexuellement transmissibles, comme leur nom l'indique, se transmettent par contact sexuel et génital. Elles ne présentent pas toujours de symptômes et, bien qu'elles puissent être traitées par des antibiotiques et des antiviraux, certaines maladies telles que le sida, les condylomes et l'herpès sont incurables, même si elles peuvent être tenues en échec par un traitement médicamenteux.

Les chlamydiae

D'après les dernières statistiques, les cas de chlamydiae seraient en forte augmentation. Peut-être n'en avez-vous jamais entendu parler ? Pourtant, on estime que 5 % des jeunes en âge d'avoir des rapports sexuels sont, sans le savoir, porteurs de cette infection. Cette proportion est effrayante car, si cette infection n'est pas traitée, elle risque de provoquer des inflammations pelviennes conduisant à l'infertilité.

L'infection commence sur le col de l'utérus et, en l'absence de diagnostic et de traitement, se propage dans les trompes de Fallope – les canaux par lesquels l'ovule passe dans l'utérus – et provoque une inflammation pelvienne. Cette dernière est parfois la cause d'infertilité, car les trompes, alors bloquées par des cicatrices et des lésions, ne laissent plus passer l'ovule fécondé vers l'utérus – vous ne pouvez plus être enceinte de façon normale.

Les symptômes : apparaissant dans 20 % des cas seulement, les symptômes sont les suivants :

○ des saignements sporadiques entre les règles ;

○ des saignements vaginaux après les rapports sexuels ;

○ des douleurs abdominales ;

○ une légère fièvre ;

○ des pertes ;

○ des douleurs urinaires ;

○ les hommes peuvent avoir, en urinant, de légères pertes blanchâtres et des brûlures.

Le diagnostic : les chlamydiae constituent une infection grave et très contagieuse, qui est diagnostiquée par un simple test.

Le traitement : efficace, il est constitué d'antibiotiques.

PAS D'EXCEPTION ! . . . .
En Bavière, une nouvelle loi a rendu obligatoire le port du préservatif. Le ministère de la Santé souhaite que tous les hommes utilisent un préservatif, notamment lors de rapports avec des prostituées, afin d'éviter la propagation des maladies sexuellement transmissibles.

Les condylomes

Les condylomes sont un type de verrues particulièrement virulentes. Ces petites excroissances sont dues à des virus, les papillomavirus, qui apparaissent n'importe où dans la région génitale.

Les symptômes : les verrues apparaissent au bout d'un à trois mois. Elles se présentent sous la forme de petites excroissances blanches, parfois légèrement boursouflées. Cela peut démanger, mais en général c'est indolore.

Hélas ! les condylomes ne sont pas toujours visibles à l'œil nu, ou bien ils se développent dans le vagin, le plus souvent sur le col de l'utérus ; vous ne vous en apercevrez donc pas. Les condylomes causent parfois des problèmes importants (voir plus loin le cancer du col de l'utérus).

Le diagnostic : un examen gynécologique permet de faire le diagnostic.

Le traitement : les antibiotiques sont inefficaces car les condylomes sont viraux ; le traitement consiste à les brûler au laser.

L'herpès

L'herpès est dû au simplex virus, un virus incurable. Il peut affecter la bouche, les organes génitaux et l'anus. Il existe deux types d'herpès : le virus de type I, qui donne des boutons autour de la bouche, et le virus de type II, qui colonise les parties génitales. L'herpès de type I peut être transmis par un baiser, le type II par les rapports sexuels.

Attention : le premier risque de se transmettre par une fellation ou un cunnilingus et de se transformer en herpès de type II.

Rappelez-vous que le virus est très contagieux : pendant une poussée d'herpès, évitez de vous embrasser et d'avoir des rapports sexuels.

Les symptômes : de petites éruptions apparaissent dans la région génitale ; elles peuvent devenir sensibles, provoquer des douleurs urinaires et donner des symptômes ressemblant à la grippe, ainsi que des maux de tête.

Le diagnostic : un échantillon est prélevé lors d'un examen gynécologique.

Le traitement : il consiste à prendre des médicaments pour réduire l'infection.

La blennorragie, ou gonococcie

Cette maladie touche aussi bien les hommes que les femmes et, dans cinq cas sur six, ne donne aucun symptôme. La blennorragie est dangereuse car, en l'absence de diagnostic, il existe un risque d'inflammation pelvienne.

Les symptômes : ce sont des pertes vaginales ou des écoulements venant du pénis, une sensation de brûlure en urinant, des douleurs dans la région génitale, parfois un mal de gorge.

Le diagnostic : ce sont des prélèvements génitaux.

Le traitement : la blennorragie se traite avec la pénicilline.

Le sida

Selon les statistiques, plus de 50 % des femmes n'utilisent pas de préservatif lors d'un nouveau rapport sexuel. C'est très imprudent, étant donné que le sida (syndrome d'immunodéficience acquise) est en augmentation, surtout chez les jeunes hétérosexuels.

À faire : se protéger et limiter le nombre de ses partenaires.

La vaginite à trichomonas

C'est une maladie sexuellement transmissible.

Les symptômes : ils se caractérisent par des pertes malodorantes de couleur jaune-vert, comparables à celles du muguet (voir plus loin), parfois épaisses et accompagnées de démangeaisons.

Le traitement : antibiotiques.

Les infections uro-génitales

Bien que les infections uro-génitales ne soient pas des maladies sexuellement transmissibles, elles peuvent s'attraper lors des rapports sexuels. Il s'agit de la vaginite bactérienne, de la cystite et du muguet.

Les symptômes : les principaux symptômes sont, pour la vaginite bactérienne, des pertes malodorantes de couleur gris-blanc ; pour la cystite, de cuisantes brûlures en urinant, et pour le muguet des pertes blanches et épaisses.

Le traitement : toutes ces infections se traitent par des antibiotiques et des antifongiques. Bien que de nombreux médicaments soient en vente libre, attention à l'automédication ; même si vous avez l'impression de savoir ce qu'est une perte blanche, comme celle du muguet, il peut s'agir de la plus commune des maladies sexuellement transmissibles : la vaginite à trichomonas (voir plus haut). En cas de doute, n'hésitez pas à consulter au plus vite.

La vaginite bactérienne

Cette infection très courante est une vaginite également appelée *Gardnerella vaginalis*. Elle survient quand certaines bactéries communes se mettent à proliférer dans le vagin ; elle est favorisée par les douches vaginales, les bains moussants et la pose d'un stérilet.

Les symptômes : ce sont des pertes malodorantes, allant du jaune au gris. Certaines femmes peuvent avoir des pertes plus importantes après les règles ou les rapports sexuels, et des démangeaisons autour de la vulve. On estime que 5 à 30 % des femmes présentent une vaginite sans symptôme ; le nombre de personnes infectées est donc peut-être sous-estimé.

Le traitement : allez chez votre gynécologue ou votre médecin, qui vous prescrira un traitement antibiotique ou une crème.

La cystite

Cette inflammation de la vessie provoque une envie d'uriner fréquente et douloureuse. Elle est due à la propagation, dans l'urètre et la vessie, d'une bactérie évoluant en temps normal dans les intestins et l'anus.

Si la cystite est commune et gênante, elle ne présente aucun danger pour la santé ; en revanche, elle peut récidiver : le plus sage est donc d'essayer de la prévenir.

Pour prévenir la cystite :

- ○ allez aux toilettes avant et juste après les rapports sexuels pour vous débarrasser des bactéries qui risquent de provoquer une cystite ;

- ○ si vous êtes sujette aux crises de cystite, évitez de faire l'amour d'une façon brutale afin ne pas provoquer de petites égratignures près de l'urètre, où l'infection pourrait pénétrer et se répandre ;

- ○ soyez toujours bien lubrifiée, pour la même raison que ci-dessus ;

○ assurez-vous que votre partenaire n'a pas d'urétrite – la version masculine de la cystite. Les symptômes sont des douleurs qui adviennent en urinant et en éjaculant.

En cas de crise :

○ buvez beaucoup pour évacuer les bactéries : un verre d'eau toutes les demi-heures ;

○ buvez du jus de fruits rouges, qui constitue un antiseptique.

Le traitement : si vous avez une cystite, ce n'est pas la peine de vous précipiter chez votre pharmacien pour acheter des médicaments (en vente libre). En revanche, si la crise dure plus de 48 heures, un traitement plus conséquent s'impose, et votre médecin vous prescrira des antibiotiques.

Le muguet

Le muguet est une infection commune due à un champignon appelé *Candida albican*. Ce champignon inoffensif vit dans les voies digestives et, en temps normal, est contrôlé par les – bonnes – bactéries des intestins. Hélas ! il se multiplie parfois en cas de faiblesse ou de déséquilibre de l'organisme.

Les symptômes : ce sont de fortes démangeaisons et des pertes blanches et épaisses, très différentes des pertes normales. Chez l'homme, le muguet se manifeste en général par des démangeaisons du gland ou du prépuce. Des symptômes plus importants peuvent survenir, tels que des rougeurs sèches qui desquament et/ou un gonflement du gland.

Le traitement : une fois le diagnostic posé, procurez-vous en pharmacie une crème ou des ovules ; ces antifongiques peuvent faire disparaître le muguet en moins d'une semaine. Ils sont efficaces à 90 %. Si la crème que vous avez achetée ne marche pas, n'hésitez pas à en essayer une autre.

Certaines femmes calment leurs démangeaisons en appliquant du yaourt sur leurs parties génitales ; si le yaourt peut soulager, rien ne prouve qu'il guérisse le muguet : cela ne peut donc en aucun cas constituer un traitement de substitution.

COMMENT PRÉVENIR LE MUGUET

- Portez des sous-vêtements en fibres naturelles – par exemple, en coton. Évitez les matières synthétiques.
- Évitez les pantalons et les collants trop serrés, car un milieu surchauffé favorise les mycoses.
- Évitez les bains moussants très parfumés, susceptibles d'irriter le vagin. Ne vous lavez pas les cheveux dans le bain.
- Si la maladie récidive, consultez votre médecin ou votre gynécologue, qui fera pratiquer des tests complémentaires.

Évitez les infections vaginales en disant « non » à...

La douche vaginale

Comme son nom l'indique, la douche vaginale consiste à envoyer des giclées d'eau pour se nettoyer le vagin et à utiliser des produits supposés bénéfiques. C'est parfaitement inutile, voire dangereux, pour trois raisons : en premier lieu, si vous respectez des règles d'hygiène élémentaires et si vous vous lavez régulièrement, vous n'avez nul besoin de vous nettoyer le vagin ; ensuite, tout produit introduit dans le vagin risque de perturber l'équilibre naturel du pH – ou acidité – et de provoquer des infections telles

189

que le muguet ; enfin, si vous avez des pertes, la douche ne fera qu'aggraver les choses en repoussant les bactéries à l'intérieur du vagin.

Un type de lubrifiant inadapté

Vous avez déjà lu et entendu les conseils suivants : il ne faut surtout pas se servir de vaseline, de crèmes pour le corps ou d'huiles de bain pour lubrifier les préservatifs, car tous ces produits risquent de les abîmer ? Ce n'est pas non plus une bonne idée de les utiliser pour faire l'amour, car ils provoquent des démangeaisons dans les parties génitales. Les produits parfumés, en particulier, donnent du muguet et des allergies. Souvenez-vous que la peau des organes génitaux est aussi délicate que celle du visage ; il faut donc la traiter de la même façon.

Des rapports sexuels brutaux

Peut-être est-ce l'idée que vous vous faites de l'érotisme, mais sachez que faire l'amour d'une manière brutale risque de provoquer des lésions dans la zone génitale, propices aux infections bactériennes. Les lésions situées près de l'urètre sont particulièrement gênantes, car elles permettent aux bactéries de pénétrer dans la vessie – ce qui engendre une cystite. Si vous faites l'amour d'une manière brutale, utilisez toujours un préservatif ; urinez avant et après pour vous débarrasser des vilaines bactéries qui, peut-être, sont déjà en train de se frayer un chemin vers votre vessie.

Des déodorants vaginaux

Le vagin a naturellement une odeur musquée, pas une odeur de rose. Si les déodorants masquent les odeurs, ils bouleversent également le fragile pH du vagin et irritent les tissus.

Les examens indispensables

Restez jeune et belle en vous assurant que l'intérieur reste aussi frais et sain que l'extérieur. Si, comme la plupart des femmes, vous préférez faire l'autruche plutôt que de faire un frottis ou de pratiquer un auto-examen des seins, il est grand temps de reconsidérer la chose. Car ces examens peuvent vraiment vous sauver la vie.

Le test de dépistage des condylomes

Le papillomavirus, appelé également « verrues génitales », semble être le principal responsable du cancer du col de l'utérus ; il serait impliqué dans 95 % des cas. Il existe aujourd'hui un test de dépistage efficace à 95 %. Si ce test était réalisé de manière systématique, en même temps que les frottis, le cancer du col de l'utérus pourrait un jour être éradiqué.

L'AUTO-EXAMEN DES SEINS

En France, le cancer du sein touche 1 femme sur 11. Il est donc indispensable d'examiner régulièrement ses seins. Voici comment faire :

1. Faites un mouvement circulaire sur toute votre poitrine, depuis le creux de l'aisselle jusqu'au bout des seins.

2. N'oubliez pas la partie centrale et la zone située sous les seins, puis finissez par les mamelons.

3. Il est également important de palper la région autour de la clavicule et de vérifier s'il n'y a pas de ganglion à l'intérieur de l'aisselle.

4. Ce qu'il vous faut chercher :

- toute modification apparente, un pli ou un creux ;
- une gêne dans la poitrine ;
- un écoulement ou un changement de position des mamelons ;

- une boule. Contrairement aux kystes qui ont tendance à être fermes, bien dessinés et sensibles, les boules cancéreuses sont en général dures et indolores ;

- ne vous attendez pas à déceler de grosses boules : dans 51 % des cas, elles font moins de 3 cm.

. . . .

Le test de dépistage des chlamydiae

Cette infection compte parmi les plus courantes. On estime que 5 % des personnes en âge d'avoir des rapports sexuels sont infectées sans le savoir, faute de symptômes. Une infection à chlamydiae non traitée risque de provoquer une inflammation pelvienne et de rendre stérile. Le test, habituellement un prélèvement sanguin ou urinaire, est rapide ; en général, un court traitement antibiotique suffit à traiter efficacement l'infection.

L'examen gynécologique

C'est un examen de routine effectué par votre médecin ou votre gynécologue ; il est pratiqué avec deux doigts et à l'aide d'un spéculum. Cet examen devrait être fait régulièrement après l'âge de 35 ans, surtout si vous présentez l'un des symptômes suivants : douleurs du périnée, problèmes urinaires, saignements irréguliers, pertes inhabituelles, douleurs lors des rapports sexuels et/ou suspicion de maladie sexuellement transmissible.

Les frottis

Cet examen est en général pratiqué par votre gynécologue, qui prélève des cellules du col de l'utérus afin de détecter toute modification pouvant indiquer l'existence de cellules précancéreuses. Déceler l'altération des cellules à un stade précoce peut vous éviter d'avoir un cancer. Plus de 90 % des femmes présentent des tests négatifs.

Est-ce douloureux ? Les frottis sont plus inconfortables que douloureux, avant tout à cause du spéculum, qui permet au médecin de séparer les parois du vagin afin d'examiner l'état du col de l'utérus. Sur ce dernier sont prélevées des cellules au moyen d'une petite spatule en bois. Ensuite, ces cellules sont placées sur une plaquette de verre et envoyées au laboratoire pour analyse.

Que se passe-t-il après le test ? Quelques semaines après l'examen, les résultats sont adressés à votre médecin, qui vous prévient en cas de problème. Il existe cinq sortes de résultats possibles :

1. Insatisfaisant. Cela signifie que votre gynécologue n'a pas prélevé assez de cellules pour obtenir un résultat lisible. Pas de quoi s'inquiéter : il faut seulement refaire le frottis.

2. Négatif. Vous n'avez rien. Vous referez un frottis dans un an.

3. Légère dysplasie ou résultat un peu limite. Vous avez une infection et vous devez faire des frottis de contrôle tous les six mois.

4. Dysplasie modérée. C'est une inflammation des cellules qui demande investigation.

5. Dysplasie sévère. Des modifications nettes apparaissent dans l'aspect des cellules. Vous devez être traitée.

SIX FAÇONS DE FACILITER LES FROTTIS

1. Portez une jupe. Cela semble évident, mais c'est le moyen le plus rapide et le moins gênant pour en finir le plus vite possible.

2. Prenez rendez-vous avec une (et non un) gynécologue.

3. Demandez à la gynécologue de réchauffer un peu le spéculum avant de l'insérer. C'est moins traumatisant.

4. Détendez-vous. Beaucoup de femmes se crispent au moment de l'insertion du spéculum – ce qui rend l'examen plus inconfortable et plus difficile encore.

Pour faciliter l'insertion, essayez de bien basculer votre coccyx : imaginez que la base de votre colonne vertébrale et que vos fesses sont à plat, sur le lit.

5. Si c'est douloureux, dites-le. C'est peut-être évident, mais il faut toujours dire quand ça fait mal : la gynécologue peut utiliser un spéculum plus petit.

6. Évitez les rapports sexuels la veille de l'examen. Le sperme rend les résultats illisibles – le sang aussi (évitez donc d'y aller pendant vos règles).

Qu'est-ce qui favorise le cancer du col de l'utérus ?

De nombreux facteurs sont en cause, parmi lesquels les rapports sexuels et le tabagisme. Toutefois, le principal coupable est sans doute le papillomavirus, autrement dit « les condylomes ». Il a été démontré que certains types de ce virus sont impliqués dans 95 % des cas de cancers du col de l'utérus. Le tabac est également à incriminer, parce que les matières cancérogènes inhalées sont excrétées par le liquide produit par le col de l'utérus. Cette interaction risque de provoquer une altération des cellules.

chapitre 8

Petit glossaire de la sexualité

Comment tout savoir sur la sexualité sans même expérimenter ?

Abstinence

Choisir de s'abstenir, c'est renoncer à faire l'amour pendant un certain temps. En général, on est abstinent quand on réalise, après six mois, que son partenaire est vraiment un cas désespéré !

Aphrodisiaque

Qui possède la réputation d'augmenter le désir sexuel. Se dit de nombreuses substances alimentaires – les huîtres, l'ail ou le gingembre, par exemple. L'effet est de pure supposition.

Aréole

Partie colorée entourant le mamelon du sein. Elle peut être rose, brune ou noire, selon la pigmentation de la peau.

Barrière contraceptive

Cette forme de contraception fait littéralement barrière entre l'utérus et le sperme afin d'éviter la conception. Le préservatif et le diaphragme constituent des barrières contraceptives.

Bisexuel

Qui a des relations sexuelles aussi bien avec les hommes que les femmes. Qui est à la fois hétérosexuel et homosexuel.

Blennorragie, ou gonorrhée

Maladie sexuellement transmissible, aujourd'hui en augmentation. Elle est traitée par antibiotiques.

Bondage

Le mot vient de l'américain *boundage*, qui signifie « lien ». Une façon librement consentie d'attacher son partenaire pour faire l'amour. Les liens utilisés sont en général des cravates de soie, des menottes en fourrure... : ils sont ainsi inoffensifs.

Chlamydiae

Maladie sexuellement transmissible la plus courante. Elle peut provoquer une inflammation et, en l'absence de traitement, rendre stérile.

Circoncision

Ablation totale ou partielle du prépuce pour motifs religieux, culturels ou médicaux. Elle n'a pas d'effets sur la sensibilité du pénis.

Clitoris

Organe féminin du plaisir – sa stimulation provoque le désir et l'orgasme. Il se trouve à l'entrée du vagin, à l'intersection des petites lèvres de la vulve.

Coït

Qui désigne les rapports sexuels, l'accouplement entre un homme et une femme.

Coït anal, ou sodomie

Au sens littéral, pénétration de l'anus. C'est souvent un excellent moyen d'attraper une maladie sexuellement transmissible ; en effet, l'anus n'est pas extensible –, ce qui provoque des déchirures et des lésions. Il faut toujours utiliser des préservatifs très résistants.

Col de l'utérus

Situé au fond du vagin, le col conduit à l'utérus, matrice placée entre la vessie et le rectum. Très sensible, le col de l'utérus risque de devenir douloureux si la pénétration est profonde.

Condylomes, ou verrues génitales

Verrues transmissibles par voie sexuelle et se trouvant sur les parties génitales. Causées par le papillomavirus, elles sont impliquées dans 95 % des cancers du col de l'utérus.

Cunnilingus

Caresses buccales sur les organes génitaux féminins.

Cycle menstruel

Cycle de vingt-huit jours qui conduit aux règles en passant par l'ovulation, et ainsi de suite.

Cystite

Inflammation de la vessie. Uriner devient alors douloureux.

Douche vaginale

Se rincer le vagin avec le jet de la douche n'est pas recommandé, car cela peut causer des infections.

Éjaculation

Émission de la semence par le pénis. L'éjaculation n'est pas l'orgasme, qui se caractérise par une série de contractions involontaires – même si celles-ci se produisent en même temps que l'éjaculation.

Éjaculation précoce

Éjaculation trop rapide, avant ou pendant la pénétration.

Érection

L'érection est due à l'afflux de sang dans certains tissus ou organes, qui deviennent alors turgescents – raides, durs et gonflés. Si elle concerne la verge – de l'homme, on l'aura compris –, elle concerne également le clitoris et le mamelon – de la femme.

Érotisme

L'érotisme est un attrait pour le plaisir sexuel, une tendance, un mode de plaisir – on parle d'érotisme anal, d'érotisme sadomasochiste... Des livres, des photographies ou des films sont érotiques quand ils prennent l'amour pour thème. L'érotisme diffère de la pornographie qui, destinée à devenir publique, est plus explicite, non évocatrice et obscène en représentant organes génitaux et rapports sexuels.

Exercices périnéaux

Ces exercices sont destinés à renforcer la tonicité des muscles du périnée (voir ce mot), qui seront dès lors capables de serrer le pénis lors de la pénétration. Ils peuvent se pratiquer, par exemple, en stoppant puis en relâchant le jet d'urine.

Fantasme

Scénario imaginaire que l'on crée et que l'on ressasse pour se donner du plaisir. On choisit parfois de le réaliser.

Fellation

Caresses et mouvements de va-et-vient effectués par la bouche sur le pénis et les organes génitaux masculins.

Fétichisme

Attirance spécifique pour une partie du corps, pour un objet ou un acte – par exemple, les pieds, les chaussures... La satisfaction sexuelle n'est recherchée et atteinte que par la vue et le contact de ces parties du corps ou de ces objets.

Frein

Tendon très sensible qui relie le prépuce au pénis.

Frigidité

Absence d'orgasme chez une femme, parfois de désir et de plaisir sexuel. Ce terme est utilisé par certains hommes qui ne supportent pas qu'une femme leur résiste.

Frottis

Examen gynécologique destiné à analyser les cellules du col de l'utérus afin de déterminer si elles sont saines et non précancéreuses.

Godemiché

Objet en forme de pénis, généralement en caoutchouc, qui sert à la pénétration.

Herpès génital

Maladie sexuellement transmissible qui provoque de petites cloques très douloureuses. Très contagieux durant la crise.

Hymen

Membrane qui recouvre en partie l'entrée du vagin. Si la présence ou l'absence fait la différence entre une femme vierge et une femme qui ne l'est plus, en réalité les choses sont plus complexes : car l'hymen peut se rompre avant un rapport sexuel par la pratique d'un sport violent par exemple.

Impuissance

Incapacité d'un homme à avoir une érection, donc à faire l'amour de manière complète.

Levrette

Faire l'amour par-derrière.

Libido

Pulsions sexuelles, recherche instinctive du plaisir, et notamment sexuel. Elle peut être perturbée par un excès de stress, d'alcool et par un manque de sommeil.

Lubrification

Des gels et des crèmes humidifient légèrement les organes génitaux pendant les rapports sexuels ; ils facilitent beaucoup les rapports sexuels et la pénétration.

Masochiste

Se dit de quelqu'un qui a besoin d'avoir mal physiquement pour parvenir au plaisir sexuel.

Masturbation

Exciter manuellement ses organes génitaux (ou ceux de son partenaire) pour avoir (ou donner) du plaisir.

Missionnaire

Position sexuelle la plus pratiquée : la femme est en dessous, l'homme au-dessus.

Œstrogènes

Hormones féminines, responsables de l'ovulation, du cycle menstruel, de la fertilité et des fameuses courbes féminines.

Orgasme

Point culminant du plaisir sexuel. Chez la femme, il se manifeste notamment par des contractions involontaires du vagin et des tissus avoisinants.

Ovulation

Production d'un ovule par les ovaires au milieu du cycle menstruel – soit le 14e jour environ.

Pénis

Organe masculin de la copulation – et de la miction –, mesurant en moyenne 13 à 18 cm en érection et 9 cm environ au repos – malgré ce que les hommes veulent nous faire croire...

Périnée

Cette petite zone sensible se situe entre les parties génitales et l'anus. Chez la femme, elle va donc de l'orifice vaginal jusqu'à l'anus. Sa solidité est assurée par un ensemble de muscles tendus entre le pubis et le sacrum. Ces muscles ont plusieurs fonctions : soutenir les organes du petit bassin – la vessie, l'utérus, le rectum et les intestins –, retenir les urines, contrôler le fonctionnement de l'anus pour éviter toute fuite, enfin jouer un rôle dans les rapports sexuels. Les exercices périnéaux (voir ce mot) assurent la tonicité de cette zone.

Phéromones

Sécrétions externes d'un organisme, qui stimulent une réponse physiologique ou comportementale – éveiller le désir sexuel – d'un membre de la même espèce.

Pilule du lendemain

Ou pilule d'urgence. Comme son nom l'indique, on peut la prendre jusqu'à 72 heures après un rapport sexuel non protégé.

Point G

Il doit son nom au gynécologue Ernst Gräfenberg qui, dans les années 1950, le baptisa avec l'initiale de son patronyme. Chez la femme, cette petite protubérance érogène est située sur la paroi antérieure du vagin.

Poux du pubis

Les vilains poux du pubis, appelés familièrement « morpions », se transmettent par voie sexuelle en s'accrochant aux poils pubiens. Consultez votre médecin de toute urgence, faites bouillir toutes vos serviettes de toilette, vos draps et vos sous-vêtements afin de les désinfecter.

Préliminaires

Gestes, caresses, baisers, cunnilingus, fellation, etc. que l'on fait avant la pénétration.

Prépuce

Repli de peau qui entoure le gland de la verge. Il a été retiré chez un homme circoncis.

Prostate

Glande de l'appareil génital masculin, située autour de l'urètre et sous la vessie. Sa sécrétion se fait en même temps que l'émission de sperme. Elle est également appelée « point G masculin » – on le trouve en insérant un doigt dans l'anus.

Pubis

Partie médiane du bas-ventre, triangulaire, dont la partie saillante est le mont de Vénus, et qui est limitée par les plis de l'aine.

Rapport sexuel non protégé

Faire l'amour sans préservatif et sans autre forme de contraception. C'est-à-dire n'avoir aucune protection contre les infections, les maladies sexuellement transmissibles, le sida – et une grossesse non désirée.

Sadique

Se dit d'une personne qui recherche et atteint le plaisir sexuel en faisant souffrir une autre personne, sur le plan physique et moral. Le sadomasochisme combine sadisme et masochisme chez une même personne.

Scrotum

Enveloppe de peau contenant les testicules.

Semence

La semence, mélange de liquide et de sperme, est expulsée par le pénis lors de l'éjaculation. La semence contient 10 % de sperme et 90 % de liquide. Contrairement aux idées reçues, le contenu de l'éjaculation équivaut plus à celui d'une petite cuiller qu'à un geyser.

Sexe tantrique

Devenue à la mode, une pratique sexuelle s'inspire du tantrisme, une forme de l'hindouisme ; elle consiste à retarder le plus longtemps possible la pénétration et l'éjaculation.

Sida

Le sida (syndrome d'immunodéficience acquise) est une maladie virale très grave, potentiellement mortelle, qui détruit les défenses immunitaires de l'organisme, le rendant ainsi vulnérable à toutes sortes de pathologies. Le sida se transmet par voie sanguine, par les sécrétions vaginales et par le sperme. Voilà une raison cruciale de toujours se protéger.

Smegma

Substance blanchâtre se trouvant sous le prépuce.

69

Pratiques orales simultanées. Le 69 fait référence à la position des corps.

Testicules

Le rôle de ces deux petites glandes situées sous le pénis est de produire du sperme et de sécréter de la testostérone, l'hormone mâle. Elles sont très sensibles car elles sont truffées de terminaisons nerveuses. Il ne faut jamais les saisir, les tordre ou les malmener – sauf si vous voulez envoyer votre partenaire à l'hôpital...

Testostérone

Sécrétée par les testicules, l'hormone mâle est responsable des pulsions sexuelles, du développement des organes génitaux et de l'apparition des caractères sexuels secondaires – barbe, pilosité...

Trichomonas

Horrible maladie sexuellement transmissible qui donne des pertes malodorantes.

Utérus

Appelé également « matrice ». Situé entre la vessie et le rectum, l'utérus est destiné à abriter l'œuf fécondé.

Vagin

S'étendant de l'utérus jusqu'à la vulve, ce conduit musculaire est l'organe féminin de la copulation.

Voyeurisme

Aimer regarder les autres faire l'amour ou se déshabiller – sans être vu(e).

Vulve

Désigne l'ensemble des parties génitales externes de la femme – comprenant les grandes et les petites lèvres, et le clitoris.

Zones érogènes

Parties du corps excitables et sensibles au plaisir.

Zzzz... dormir

Ça peut arriver : vous avez bien le droit d'être fatiguée si vous avez fait tout ce qui précède !

Table des matières

Photocomposition Nord Compo

Imprimé en Italie
par «La Tipografica Varese S.p.A.» Varese
ISBN:2501040279
dépôt légal:54153 - Décembre 2004
40.3896.4/03